台灣放輕鬆

台灣放輕鬆

台灣放輕鬆

台灣放輕鬆

⑫ 台灣執政者

總策劃／莊永明

監修／曹永和、張勝彥、許雪姬、吳密察、翁佳音
文／林孟欣
漫畫／曲曲
繪圖／閒雲野鶴

Take it Easy

Portraits of Leaders in Taiwanese History

台灣放輕鬆 12
台灣執政者

總策劃：莊永明
撰文：林孟欣
漫畫：曲曲
歷史插圖：閒雲野鶴

監修：曹永和、許雪姬、張勝彥、吳密察、翁佳音
副總編輯：周惠玲
執行編輯：陳彥仲
編輯：葉益青
修文：陳彥仲、吳梅瑛
圖片翻拍：陳輝明、徐志初、宋依婷
美術總監：張士勇
美術構成：集紅堂廣告有限公司

發行人——王榮文
出版發行——遠流出版事業股份有限公司
台北市100汀州路3段184號7樓之5
郵撥 / 0189456-1
電話 / (02)2365-1212　傳眞 / (02)2365-7979

香港發行　遠流（香港）出版公司
香港北角英皇道310號雲華大廈四樓505室
電話2506-9048　傳眞2503-3258
香港售價　港幣107元

著作權顧問——蕭雄淋律師
法律顧問——王秀哲律師、董安丹律師
2002年10月1日　初版一刷

TAIWAN

台灣放輕鬆

take

it

easy

目　錄

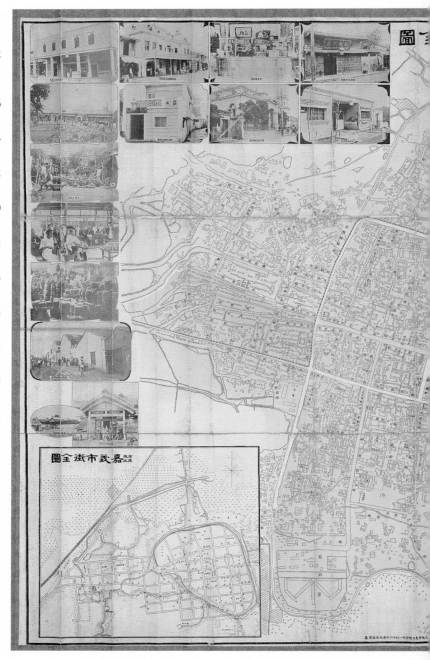

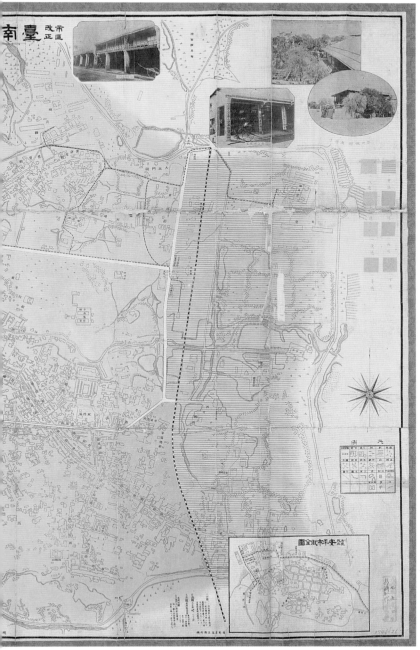

◀日本人統治台灣之後，發現台灣人所居住的市街陰污穢，
衛生條件極差，容易產生各類傳染病疾，因此在平定各地抗
日活動之後，便積極拓寬道路、修築排水溝渠、以及建設自
來水系統等工作，稱為「市區改正」計畫。
台南市也於1911（明治44）年開始實施「市區改正」，不少
傳統廟宇與私人住宅因道路拓建而被拆除。右下方的安平市
街是台南市沿海地區一處最古老的市街；左下方的嘉義則是
台南市北方一處大型的市街。

總序

莊永明

閱讀歷史，會是一種沉重的負擔嗎？

了解歷史人物，會是一種困難的事情嗎？

放輕鬆！

請靠近一點，翻一翻這套書；你會發現歷史並不生澀，歷史也絕不難懂，歷史更不是「遙不可及」的事。

你會覺得歷史人物絕不是「神主牌」，更不是不食人

編輯體例說明

【台灣歷史報】
帶你回到過去，見證歷史news化

【Q & A】
挑戰你的「哈台」指數

【老廣告】
給你新古董的台灣味兒

間煙火，何況你所要貼近的是台灣人物，你所要明瞭的是台灣歷史。

沒有錯，就從這時候開始，讓我們走進時光隧道，讓我們回顧歷史長廊。

學習歷史，最快的入門方法是閱讀傳記；正如史學家羅斯（A. L. Rowse）所說的一句話：

「閱讀傳記是可以學到許多歷史的最便捷方法。」

【延伸閱讀】
⇨《工學博士長谷川謹介傳》，1937
出版（本書為日文資料，長谷川死後由其舊部屬製作出版，目前本書收藏於成功大學圖書館）。

【延伸閱讀】
提供深入資訊

【人物小傳】
告訴你有趣的軼聞故事

【舊聞提要】
打通你的任督二脈，變成全方位台灣通

朱一貴年表
1688~1721

1688
●朱一貴出生於福建漳州府長泰縣。

1713
●朱一貴來到台灣，時年26歲，於府城（台南）台廈道衙門打雜。不久離職，轉往大武汀幫人種田度日，並以養鴨發跡。

1721
●4月19日，因台灣知府王珍苛酷擾民，朱一貴

【年表】
從時間軸認識個人

讓我們從「三分鐘認識一位歷史人物」開始吧！

　　歷史教育是積累土地上世世代代先人的生活經驗；台灣歷史在威權時代，總是若隱若現的，甚至是「啞劇」，本土歷史人物自然也「難見世面」。

　　台灣邁進民主時代後，國民中小學才開始有了「鄉土教學」、「認識台灣」、「母語教育」等課程，然而在倉促間推出「本土」文化的教學，到底能喚醒多少人的歷史記憶和土地的認同？

　　台灣歷史人物，不論是原住民、閩南人、客家人，或外省人、外籍人士，只要在這塊土地流汗、流淚、流血奮鬥、奉獻，都是這套書選材的對象，為著在「歷史長廊」有著連貫性的互應，本套書也依學術、文學、美術、政治……做為分類上的貫連，每一位人物且透過「台灣歷史報」去探索時空背景，因此這不僅是傳記書，也是歷史書。

　　胡適在其《四十自述》中盼望「添出無數的可讀而又可信的傳記來」，【台灣放輕鬆】系列當然也有這樣的企圖，僅是做為一種「入門書」，其最主要的意義還是導引大家對台灣人物、台灣歷史的興趣，相信有了此「紮根」的歷史教育，社會倫理、自然關愛也必落實。

　　祈盼台灣在積極打造成為「科技島」之餘，也不忘提升為紮實於本土歷史認知的「人文島」，台灣才不致沈淪。

我看台灣執政者

許雪姬

前總統李登輝先生曾說，過去統治
台灣的政府都是外來政權，當時引起相
當廣泛的討論。如果就過去在這個島上
執政的主體非由本地人產生的角度來
看，這個觀點可以被接受。然而台灣史
除了上述屬「人」的觀點外，仍必須有
屬「地」的看法，換言之，只要曾在這
塊土地上留下痕跡的，都是台灣歷史的
一部分；也唯有從這個角度出發，才可
能將這些不同國籍的在台執政者冶為一
爐來談。

本書共收錄了20位執政者，他們分
屬於荷蘭、鄭氏王朝、清朝、日治以及
中華民國；出生在台灣，可以稱之為台
灣人的只有一個，那就是謝東閔。該書
可謂如實地呈現過去台灣歷史的殖民
性。上述施政者有其共同的特色：

一、其執政都不是以繁榮、壯大台
灣為唯一的施政考量，而是以殖民母國
的利益，或完成「反攻大業」為前題；

二、他們不會說本地的語言，官方
語言是以執政者的語言為「國語」；

三、當時台灣本地人能在上位執政
者可謂鳳毛麟角，而且也未必是較傑出

1949年，國府遷台，台灣自此成為「反攻大陸的跳板」。

的人才，反而是和當局最能配合的人，才有可能登上準執政的地位。

或許有人要問，台籍的執政者在當前也有不少，何以不加收錄？首先他必須

由農復會主委蔣夢麟等人提議、行政院長陳誠主力推行的土地改革政策，改變了台灣農民的生活。

崧、劉永福並沒有太多的指責，畢竟他們是大清官員，奉命回福建候缺，走得有理；在唐、劉兩人而言，台灣不是故鄉，也就沒有徐、吳兩人保家

已經不在人間者才有資格列入；其次台灣本土化的政權在這些年才出現，蓋棺尚未能論定，因此他們還不能出現在這本書中。

當台灣被割讓給日本，台人開始留下自己的歷史，有人記下為台灣而犧牲的徐驤、吳湯興等人，但也不齒林維源、丘逢甲的棄台而走，然而對唐景

衛國表現得真切。

曾為日本的殖民地，台灣人的政治活動自大正時期開始蓬勃展開，溫和派向日本政府請願設置議會，好達成台灣高度自治的目標；激進派提倡台灣獨立的訴求，但都沒有成功。戰後面對國民政府統治，台人再度要求台人治台，然而陳儀的行政長官公署雖然依訓政時期

的規定給予台人間接選舉的權利，但那僅止於基層的民意代表；在行政長官公署各處中的正副處長，只用了一個「半山」宋斐如為教育處副處長。台人不能分享治權，因此228事件發生後，台人治台的要求可以在228事件處理委員會所提出來的「四十二條要求」中發現。事件後成立的台灣省政府，雖斟酌派台人為副廳長，但那不過是點綴罷了！台人真正執政是中華民國總統直選以後，而這也不過是6年前的事！

台灣的歷史應如大海之納百川，不必去追究過去高高在上的執政者對台灣造成的傷害，反而應該去體會，雖然他們不讓台人分享政權，也未將台灣列入第一優先，然而他們多多少少都曾為使

美口煙！美口煙好的料

內粽內粽！美口未的！！

自1951年至1965年間，美國提供台灣大批物資、金錢協助重建戰後殘破的經濟。在這段「美援年代」，只要是「美口（國）來的」，便成了商家推銷商品的萬能口號。

台灣更美好而奮鬥過，因而不知不覺地，這些執政者只要沒有「母國」好投奔，一定要漸漸本土化，終究成為新的台灣人。

在過去的執政群中，曾任台灣總督，後任台灣軍司令的明石元二郎，他病死在日本，卻遺言要葬在台灣，他認同了這塊土地，我們沒有理由用狹隘的眼光說他是外來統治者。已故蔣經國總統，他在老年時曾公開說他也是台灣人，我們也應該視他為台灣人。

台灣住民雖有先來後到之別，但只要認同台灣，不論在上的執政者，還是名不見經傳的百姓，都是台灣歷史上的要角。

為政之道，存乎一心

莊永明

管理政治的力量，稱為「政權」，而「治權」則是政府本身的力量；掌握治權的人，就是「執政者」。台灣歷代執政者，在不同政權背景下，其行政資源殊異，建樹自然有別。

1624年，荷蘭人攻占台灣南部，建立「重商主義」的政權達38年；其中規畫建造「熱蘭遮城」的駐台長官普特曼斯，是最具代表性的一位「專業經理人」。高舉「反清復明」旗幟的鄭成功在1662年驅逐荷人，建立台灣第一個漢人政權。這位中日混血的明季遺臣，年雖僅得39、在台只年餘，卻是傳奇的「開台聖王」。

鄭成功齎志而終，其子鄭經繼位，由有「明鄭諸葛亮」之稱的陳永華輔佐朝政。陳永華有感於屯墾開發之外，教化亦為必要，於是倡建了台灣第一座孔廟，成為「全台首學」，可以說是「中原文化」入台的關鍵。

鄭氏政權不過三代，1683年便敗於清。台灣隸清版圖212年，台灣人民「三年一小亂，五年一大反」，乃因清朝派來的執政者大多懷著「三年官，二年滿」的心態，不僅不勤於政務，而且貪污、腐化。因此，那些少數擁有佳績的官吏，便顯得可貴。「戎馬書生」藍鼎元以「人無良匪，教化則馴；地無善惡，經營則善」信念，力圖影響清廷的治台政策。滿籍巡台御史六十七以人道精神建議中央准予遷眷、開放探親和纂編《重修台灣府志》，其政途雖不順，但宦績可頌。曾任台灣縣（今台南）知縣、噶瑪蘭通判的姚瑩，兩度來台擔任台灣道期間，正逢鴉片戰爭，他在台擊敗英軍，為清廷立功。1874年，日軍藉「牡丹社事件」第一次揮軍進犯台灣，清廷派沈葆楨來台辦理海防及對日交涉；這位欽差大臣除達成朝廷交辦的任務之外，更實行「開山撫番」政策和吏政革新，為後來台灣建省奠下基礎。台灣第一任巡撫劉銘傳主政期間，積極推動

20位台灣執政者的主要活動區域

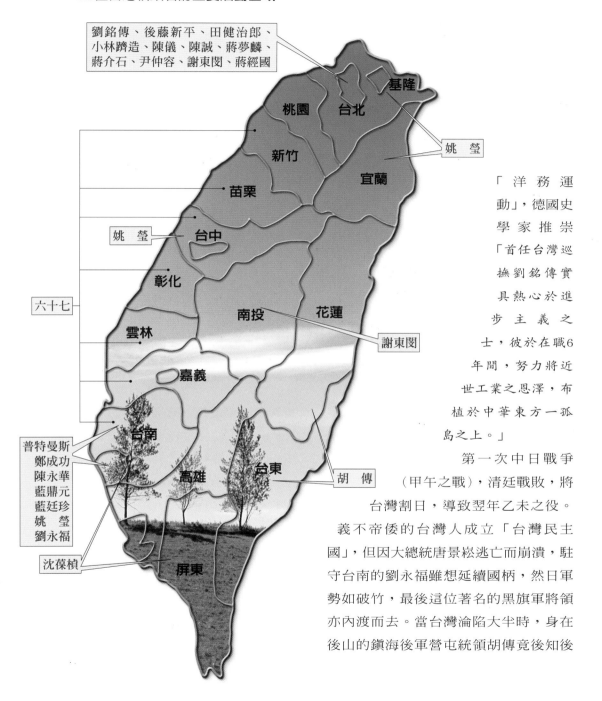

劉銘傳、後藤新平、田健治郎、小林躋造、陳儀、陳誠、蔣夢麟、蔣介石、尹仲容、謝東閔、蔣經國

基隆

桃園　台北

姚瑩

新竹

宜蘭

苗栗

姚瑩

台中

彰化

六十七

雲林

南投　花蓮

謝東閔

嘉義

普特曼斯
鄭成功
陳永華
藍鼎元
藍廷珍
姚瑩
劉永福

台南

高雄　台東

胡傳

沈葆楨

屏東

「洋務運動」，德國史學家推崇「首任台灣巡撫劉銘傳實具熱心於進步主義之士，彼於在職6年間，努力將近世工業之恩澤，布植於中華東方一孤島之上。」

第一次中日戰爭（甲午之戰），清廷戰敗，將台灣割日，導致翌年乙未之役。義不帝倭的台灣人成立「台灣民主國」，但因大總統唐景崧逃亡而崩潰，駐守台南的劉永福雖想延續國柄，然日軍勢如破竹，最後這位著名的黑旗軍將領亦內渡而去。當台灣淪陷大半時，身在後山的鎮海後軍營屯統領胡傳竟後知後

覺，險些被放鴿子。但這位「台東縣太爺」整頓防務和勸農墾荒的政績卻頗有口碑，他的兒子即「新文化導師」胡適。

1895年日本統治之初，不僅面臨台灣人民的抵抗，也需面對流行病侵襲，苦惱不堪，乃有「賣台」之議，想將台灣高價出讓，直至第4任總督兒玉源太郎治

日治時期殖民者透過警察的力量，全面控制了台灣人的生活。

台後，在民政長官後藤新平推動「糖飴與鞭」政策下，各項公共衛生與實業建設次第展開後，始紮實了殖民統治基礎，台灣才從日本的負債變為資產。「以軍領台」的統治模式，直至第7任總督才告一段落。1919年，台灣總督不再是「武將」，第1位文官總督也是第8位總督田健治郎到任後，實行同化政策及地方分權制，「非武裝抗日民族運動」也在這段期間一度匯成浪潮。1937年中日戰爭開打後，日本治台方針也受到影

響，一切民權運動被壓制，而台灣總督又換回武將擔任。第17任台灣總督小林躋造即以「皇民化、工業化、南進政策」，來嚮應「母國」的軍事霸權主張。

1945年，日本向盟軍投降，國民政府派來接收台灣的行政長官陳儀，雖勇於任事，卻拙於處事，貪污腐化的統治集團，激發228民變。但後來他在台灣被槍決，卻不是為228事件負責。1949年從總統之職引退的蔣介石，翌年3月1日「復行視事」，宣示反攻大陸、收復國土的決心。他為了鞏固政權，推行個人崇拜，如美國國務院在1960年代的報告：「蔣的權勢擴及中華民國幾乎每一領域的活動。可以毫不誇張地說，今日台灣的政治生活均以總統為中心，聽命於他一人。他大權獨攬，小事也不放過，事無巨細都要親自過問。」蔣介石的獨裁統治，加以美國

介入維持了台海均勢，使得遷台後的中華民國得以推動土地改革和經濟建設。

副總統兼行政院長的陳誠，是土地改革執行者，雖處「一人之下」，但非蔣介石屬意的接班人。「五連任」的蔣總統逝於

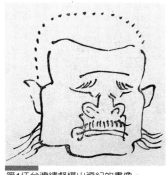
第1任台灣總督樺山資紀的畫像。

1975年，副總統嚴家淦繼任了第5任總統。由於「老蔣」刻意栽培的「小蔣」（長子蔣經國）接班態式已定，於是1978年在嚴家淦「謙讓」下，蔣經國以中國國民黨黨主席身分一人競選，當選了第6任總統。政工出身的蔣經國，善於觀察時勢、收攬民心，他雖然積極推動政治改革，但也認為「一言堂」是鞏固領導中心所必需；蔣經國推動的「十項建設」是台灣經濟起飛的「里程碑」，而他在晚年所釋出「民主開放」政策，是他父親掌權時代的「禁忌」。蔣經國第一次挑選的副總統是謝東閔。「半山」身分的謝

東閔，在省主席任內推行的小康計畫，其所打出的口號「客廳即工廠」，人人耳熟能詳。

第4任台灣總督兒玉源太郎的畫像。

「偏安」的中華民國，不是以政治標榜「自由中國」受人矚目，而是以經濟成就得到普世注意。台灣的經濟成就，得美援之助良多，然而若無妥善經濟政策，再多外援也是一種無意義的「施捨」。農復會主任委員蔣夢麟在振興農業、改善農民生活功績斐然。有「台灣經濟總設計師」之稱的尹仲容，則紮實了「出口政策」、創造了超高外匯存底的基礎。

外匯存底曾高居世界第一的台灣，傲世的成就並非靠一時一人，也絕非「宦績篇」可定論。古今中外歷史上的執政者有良相、奸臣，有政治家、政客。本書中20位「台灣執政者」的功過，歷史自有定論，為政之道，存乎一心，本冊可供鑑裁。

來台第一條，建城最重要。

1 輕飄飄的稻草桿

2 甜蜜蜜的烏糖汁

3 硬梆梆的鋼筋條

4 3秒乾的矽力康

2 A 甜蜜蜜的烏糖汁

17 世紀的歐洲新興國家荷蘭，為了開拓亞洲的貿易，便派遣艦隊東來。原本要在澎湖建立貿易站但失敗，隨後才在大員（今台南安平）建造了熱蘭遮城（Zeelandia，今安平古堡）、在赤嵌（今台南市）建造了普羅民遮城（Provintia，今赤嵌樓），作為統治此地的政經中心。此外，他們並在大員廣建倉儲、規畫市鎮，以擴大貿易的規模；這是台灣初次有計畫興建的行政廳舍與商業市街。荷蘭人在建造熱蘭遮城與普羅民遮城時，從東南亞的爪哇運來了上好的磚瓦，並從澎湖搬運石材。不料，到了施工時才發現缺少黏接磚石的洋灰，不得已只好就地取材，將糯米、烏糖汁和研磨過的蚵殼混摻製成代用品，就是所謂「紅毛土」。這種古老的建築材料，至今仍殘存在赤嵌樓和安平古堡的紅磚牆中，在一般民居的營造上也使用了3百多年，一直要到水泥普及後它才逐漸被取代，但民間仍習慣把水泥稱為「紅毛土」。

以商業角度經營台灣的荷蘭長官——
普特曼斯

？~1654

1624年荷蘭人登陸大員（今台南安平），占領福爾摩沙（台灣）的南部之後，便派了所謂的「長官」（gouverneur van Formosa）來總攬所有統治事務，包括行政、軍事、生產、稅務、醫療、宗教等等。這是台灣受外來政權統治的開始。不過，當時荷蘭人對台灣的態度比較像一個公司在對待他的生產工廠和工人，而這個「長官」則比較類似專業經理人的角色。事實上，台灣史中的「荷蘭政權」指的便是荷蘭的聯合東印度公司。

歷任的大員長官中，普特曼斯（Hans Putmans）是最能幹的一位。他出生於荷蘭密德堡（Middelburg），1624年以下級商務員的身分到達巴達維亞（今印尼雅加達），不到幾年便陸續被擢升為商務員、市參議會主席。

1629年，普特曼斯受命接替納茨（Pieter Nuyts），出任駐福爾摩沙長官，整頓大員商館的事務。普特曼斯到任之際，正逢荷蘭人在大員的統治遭受嚴峻的挑戰；除了蟠據在台灣北部的西班牙人不斷想南下與荷蘭人爭奪地盤之外，前任長官跟日本人的糾紛也正持續地發酵，並衝擊著荷、日之間的貿易關係。同時，因中國沿海海盜猖獗，阻斷貿易航線，更讓荷蘭人在大員的經營虧損連連。如何掃除這些阻滯，加強對中國貿易，正是普特曼斯最重要的任務。

1633年春天，普特曼斯率艦隊前往中國大陸沿海掃蕩海盜，並趁機劫掠華南沿

普特曼斯規畫了熱蘭遮城的興建。

海村莊，沒想到卻在金門料羅灣被鄭芝龍的艦隊打敗。最後，荷、鄭雙方簽訂和約，荷蘭方面獲得了鄭芝龍所供給的穩定貨源，也確保大員貿易航線的順暢。

對中國通商之路暢通之後，普特曼斯的目標開始轉回福爾摩沙。他以大員為中心，向外拓展荷蘭的統治勢力；1635年和1636年間，普特曼斯先後對原住民各部落發動數次征伐，收服了麻荳、蕭壟和小琉球等地原住民。在這一波武力展示後，1636年於新港召開了福爾摩沙首度的「地方集會」，共有28個社的頭目對聯合東印度公司宣示效忠。此外，普特曼斯還計畫派兵，將蟠據在雞籠（今基隆）和淡水的西班牙人驅逐出境。

1636年當普特曼斯的任期結束時，荷人在福爾摩沙所面臨的威脅，除西班牙人外，均已剷除，基督教的傳播也獲致長足的進展，同時，他還成功地推廣了甘蔗、稻米的種植；這些經濟作物所產生的利潤，逐漸成為大員商館重要的收入來源。

在荷蘭東印度公司亞洲總部（位於巴達維亞，今印尼雅加達）長官眼中，普特曼斯是一名細心、能幹、勤勉的公司職員。藉由他的鐵腕統治、巧妙運用武力對付海盜和原住民，荷蘭的聯合東印度公司從台灣獲取了最大的經濟利益。

1636年普特曼斯返回故鄉荷蘭，結束他在亞洲長期的任職。

台灣

發行人：王阿舍　發行所：遠流舊聞社

舊聞提要

1. 西班牙人於1628年占領淡水，並興建聖多明哥城（Santo Domingo）。
2. 西班牙人於1632年組成

▲ 熱蘭遮城周邊平面圖，從圖中可看到與熱蘭遮城關係緊密的大員市街。

▲ 熱蘭遮城的平面圖，上方為內城，下方為外城。外城因臨海常有坍塌的情形。

▲ 熱蘭遮城的立面圖。城的四均設有稜堡，以利防守。

勘查隊，溯淡水河上行，發現了台北平原。

3. 荷蘭人於1634年出兵征服小琉球。

4. 荷蘭人於1635年發兵征討麻荳社，次年攻打蕭壠社。

讀報天氣：陰雨
被遺忘指數：●●

熱蘭遮城完工
普特曼斯理想的貿易基地逐漸成形

【本報訊】1639年當阿姆斯特丹稜堡完工後，大員長官普特曼斯所規畫的熱蘭遮城宣告正式竣工，成為荷蘭人在東亞的堅實堡壘，以及開發福爾摩沙的可靠後盾。

荷蘭的聯合東印度公司自從決定在大員建立新市鎮後，便開始對此地展開積極的規畫。熱蘭遮城的建設，充分反映了荷蘭人規畫、經營一處貿易根據地的基本概念：將城堡建造在一處能夠停泊大船的海灣，因為船隻對城堡極為重要，尤其戰時船隻將是城堡糧食、武器和人員唯一的補給管道。至於為漢人建造的市鎮，則利用寬大的街道將其劃分成幾個長方形區域，並嚴格規定房屋與公共建築必須採用磚石建造，以防範火災的蔓延。而在城堡與市鎮之間，荷蘭人也不忘留

▲ 熱蘭遮城是荷蘭人在大員的重要商業據點。

置一個廣場，以加強城堡的防禦，並用廣場上的絞首台，來宣示統治權威。

　　熱蘭遮城完工後，荷蘭人積極推展一連串貿易策略；以大員為據點，把日本和歐洲的銀、東南亞的香料輸往中國，把中國的生絲、絲綢、瓷器、黃金和砂糖經由大員輸往各地的荷蘭商館，福爾摩沙的土產──鹿皮、糖則輸往日本、波斯等地。作為貿易轉運基地的大員，除了具有運輸倉儲的功能外，更是東印度公司的貿易網絡中不可或缺的資金融通據點。當亮澄澄的黃金從中國運往大員後，接著便轉往科羅曼德爾（位於印度東海岸）去購買當地的香料；來自中國的絲製品運用在對日貿易上，兌換成足夠的白銀來採買中國的各類貨品。

　　熱蘭遮城的完工，也象徵著荷蘭人統治權威的確立。荷人透過絕對強大的武裝力量，威迫各原住民部落與東印度公司締結和約。荷蘭人提供基本的行政治理系統，創造了「荷蘭和平」的局面，而來自中國的漢移民就利用這樣的保護傘，擴大經營狩獵、撈捕與種植的活動，讓荷蘭人積極的經營有了可觀的回饋。

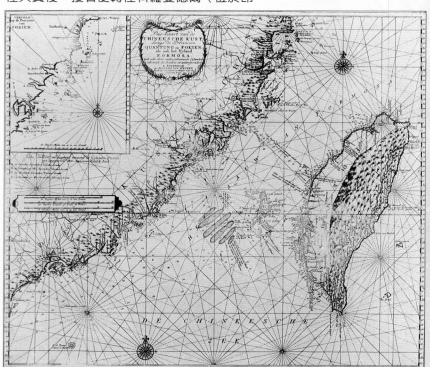

▲ 荷蘭人所繪之中國大陸東南沿海與福爾摩沙之間的航海圖，此圖表現出福爾摩沙在東方海路通商網絡中的重要性。

▲ 由荷蘭東印度公司所委任的駐福爾摩沙行政長官，總攬了全島所有的行政事務。圖為第12屆大員長官揆一肖像。

出生年不詳

1624
● 荷蘭密德堡（Middelburg）人，以下級商務員的職位進入荷蘭東印度公司工作。

1626
● 昇任上席商務員和法庭法官，兼管巴達維亞（今印尼雅加達）的華人事務。

1627
● 昇任市參議會主席。
● 在馬塔拉姆（Macaram）土王第一次攻擊巴達維亞時有效地防衛抗阻，建立卓越的戰功。

1629
● 6月21日受命接替納茨（Pieter Nuyts）出任駐福爾摩沙第4任長官，負責整頓大員商館的事務。
● 11月23日派出230名武裝人員，其中包括士兵和海員，進攻麻荳、目加溜灣等部落，將大部分部落放火燒光。
● 12月2日目加溜灣社和麻荳社的代表來到新港，由牧師甘第爹士帶領到大員晉見普特曼斯，雙方簽訂象徵荷蘭人征服原住民部落的和約。

1632.1.1～1633.1.1
● 大員商館的貿易營收由虧轉營。

1635
● 完成大員地區軍事工程的設計圖，並重新將大員市鎮規畫成荷蘭式的城市建築。

1635～1636
● 組織軍隊4次征伐鎮壓蕭壠、大目降和小琉球。

1636
● 9月卸職返回荷蘭時，荷蘭人在福爾摩沙所面臨的威脅，除西班牙人外均被消除，基督教的傳播也相當有進展，在新港社並有基督教學校的設立。尤紐斯的《新港語典》係在此期間完成。漢人大舉移居福爾摩沙從事農作，開始生產運銷日本的砂糖。

1637
● 回到荷蘭向東印度公司的董事會報告新規畫的大員防禦工程，爭取建設熱蘭遮城成為台灣軍事重鎮。

1639
● 12月以回國艦隊司令官身分榮歸故里，定居於荷蘭的Delft。

1654
● 去世。

【延伸閱讀】
⇨ 格斯·冉福立著、江樹生譯，《17世紀荷蘭人繪製的台灣老地圖》，1997，漢聲雜誌社。
⇨ 曹永和，《台灣早期歷史研究》，1979，聯經出版公司。
⇨ 曹永和，《台灣早期歷史研究續集》，2000，聯經出版公司。

管他山珍海味，
我就是厂ㄨˋ這一味。

1 東港的黑金「黑鮪魚」

2 安平魚塭的「虱目魚」

3 蘭嶼特產「飛魚」

4 台南的紅燒「土魠」

2 ᴬ
安平魚塭的「虱目魚」

鄭成功趕走了原本占據台灣的荷蘭人，因此受到數百年來台灣漢人的景仰，

許多與「國姓爺」相關的民間傳說也應運而生，其中流傳於安平一帶的「虱目魚」賜名故事，

就是一例。「虱目魚」又稱為「安平魚」，養殖於台南附近一帶的魚塭中，

是一種利用程度相當高的經濟魚類，台南人戲稱這種魚除了魚鱗不能吃之外，

整條魚可以做成各類佳餚和加工食品。至於牠的名字由來，據說與鄭成功有關。

鄭成功初到安平時，吃到這種魚，覺得肉質鮮美，除了大加讚賞之外，

並詢問當地居民這是「啥麼魚」，由於鄭成功的口音和當地人的不同，

當地人誤以為國姓爺在幫這種魚賜名，從此便依其發音將這種魚稱為「虱目魚」，又稱「國姓魚」。

台灣第一個漢人政權的創建者——

鄭成功

1624~1662

外貌英挺的「國姓爺」鄭成功，是台灣人耳熟能詳的歷史人物。從台南鹿耳門、台南開元寺、大甲鐵砧山劍井、台北縣鶯歌到台北市劍潭等地，處處都有關於鄭成功的傳說。

鄭成功畫像。

鄭成功祖籍是福建泉州府南安縣，不過他是在日本肥前平戶出生的，童年和日籍的母親在平戶度過，直到7歲那年，父親鄭芝龍才把他們接回中國，讓他留在安平鎮（今福建省晉江縣安海鎮）接受私塾的教育。聰敏的鄭成功喜歡讀《春秋》、《孫子兵法》，對舞劍騎射也多所接觸，可說是文武兼備。21歲時，他進入南京太學就讀，為了成為一名優秀的文官而努力。

1644（明崇禎17、清順治元）年清兵入關，明朝崇禎皇帝自盡後，諸王逃到南方先後稱帝。鄭芝龍也在福州擁立唐王隆武帝即位，他並帶著鄭成功前往覲見。隆武帝十分賞識鄭成功，不但冊封他「忠孝伯」的爵位、「招討大將軍」的職位，還賜給他明朝國姓——朱，並賜名「成功」。鄭成功「國姓爺」的名號即出於此。日後他意志堅決地起兵抗清，或許一部份原因是基於對隆武帝知遇之恩的回報。

諸王各自稱帝之際，清軍開始大舉南下。此時鄭芝龍被誘以高官厚祿而決定降清，沒想到降清後立刻被軟禁，其根據地也被清軍襲擊，鄭成功的母親走避不及，遂自殺身亡。面臨家國驟變的景況，鄭成功毅然以「招討大將軍忠孝伯」的名號誓師起兵。

起兵反清的鄭成功，先在廣東南澳收納數千兵士，並逐步將鄭芝龍降清後四分五裂的鄭氏勢力收併，再取得廈門作為抗清的基地。1653年5月鄭成功於福建海澄擊敗清軍，不久受永曆帝冊封為延平王。清廷眼見連年用兵，卻一直未能結束與鄭成功之間的戰事，便計畫以海澄公的爵位來加以籠絡，結果鄭成功不但相應不理，反而正式將廈門改稱思明州，意在延續明

鄭成功夫婦畫像。

郵政總局為紀念鄭氏來台3百周年所發行的郵票、郵戳。

朝的正朔。

　　1658年5月鄭成功率軍北上，計畫奪回南京，但無功而返；此後局勢逆轉，清軍不斷進逼福建，鄭軍雖然奮戰退敵，但抗清基地卻難逃戰火的摧殘，無法再據以對抗清軍。為了建立新的根據地，鄭成功決意攻取台灣。1661年2月鄭成功在金門、廈門集結船艦，踏上征台之路。鄭成功大軍登陸台灣後，首先攻下普羅民遮城（Provintia，今台南赤嵌樓），之後又花了9個月，才讓荷蘭末代長官揆一（Coyett. Frederik）打開熱蘭遮城（Zeelandia，在今台南安平古堡）投降。

　　從荷蘭人手中奪得台灣後，鄭成功隨即將台灣改名「東都」，設官分治，練軍屯田，準備展開長期的抗清事業。可惜上天並未給他太多時間，來台次年，鄭成功即因病在台南安平去世，得年才39歲，但他在台灣首開漢人政權，影響深遠。

中國在鄭氏來台340周年時也發行了一組郵票，此為其中1張。

台灣

發行人：王阿舍　發行所：遠流舊聞社

舊聞提要

1. 延平王鄭成功1658年率兵北伐，至南京卻無功而返。
2. 荷蘭人於1659年解除通事何斌的職務，何斌憤而投效鄭成功陣營。

▲ 原普羅民遮城，後改為承天府治。（今台南市赤嵌樓）

3. 末代荷蘭長官揆一於1661年開熱蘭遮城投降，荷蘭人在台灣38年的統治終告結束。

4. 鄭成功於1661年定台灣為東都，在赤嵌設承天府，之下管轄天興、萬年兩縣。

讀報天氣：陰天
被遺忘指數：●●

建設抗清基地
鄭成功訂定計畫，極力開發

【本報訊】1661年鄭成功率軍攻下台灣，將台灣視為反清的根據地。為了長期經營台灣，鄭成功將原先的普羅民遮城（台南市赤嵌樓）改設承天府，其下統轄天興縣與萬年縣，以治理先前荷蘭人已開發的地區。其中，天興縣的縣治位於佳里興（台南縣佳里鎮），萬年縣的縣治在興隆里（高雄市左營區）。另外，他又改熱蘭遮城（台南市安平古堡）為安平鎮，在澎湖加設安撫司。

台灣在荷蘭時代甚至更早以前，已經開始有中國大陸東南沿海等地的漢人來台，但正式定居的人並不多。鄭成功所規畫的地方行政，明

▲ 原熱蘭遮城，後改為安平鎮（台南市安平古堡）。此為城牆局部。

確界定了統治力可及的範圍，而軍事屯墾，不但使軍隊的糧食補給問題獲得長遠的解決，也促成台灣土地得以進一步開發。

荷蘭治台時期，台灣已開發土地的所有權不少為荷蘭人所有，俗稱「王田」。荷蘭人投降後，他們遺留的土地由鄭氏軍隊所接收。對於這些土地、田園及其他尚未開墾的無主荒地、山林川澤，鄭成功的作法是允許文官及軍隊將領自由開墾，但為了防止濫占、掠奪、壟斷土地等弊端產生，文武百官在圈地、墾地之前，必須事先申報，這同時也作為課稅的依據，以確保賦稅來源。

▲ 據說有兩名兄弟隨鄭成功來台，但沒有牛隻幫忙耕田，鄭氏為減輕他們的辛勞，就送給他們8頭水牛。這對兄弟為了感恩，便興建這座水牛廟。該廟位於嘉義。

▲ 鄭成功的屯田政策是以各營鎮的主將充作開墾的首領。林圯是鄭氏的部將之一，奉命開發斗六門（斗六）到水沙連（日月潭）一帶，但在一次與原住民的衝突中喪生。此為他的墓碑：「明代開闢水沙連功授右弼參軍林圯公墓」。

▲ 由軍隊開墾的土地稱為「營盤田」，開墾完成後並以營鎮為名。

　　跟隨鄭成功來台的軍隊是從事開墾的主要勞動力。鄭氏的軍隊沿襲明代的軍事管理制度，來到台灣之後便在各地進行屯墾，以求自給自足。然而待墾荒地範圍遼闊，必須要更多勞動力投入。為了解決這個問題，鄭成功計畫讓官兵的家屬來台，一方面作為開墾的勞動力，一方面安定軍心，好讓軍隊能夠專心一致抗清。

　　除了開發土地之外，鄭成功也計畫獎勵軍民從事漁業與商業。可以預見的是，在鄭成功縝密的規畫下，台灣的社會秩序將日趨穩定，漢人的社會形態也將在這塊土地上生根茁壯，為鄭氏王朝日後發展奠下良好基礎。

▲ 鄭成功的軍隊接收荷蘭人的土地後，將「王田」之名改為「官田」。

1624
● 8月27日出生於日本長崎縣平戶市。

1630
● 回到福建安海。

1645
● 獲唐王隆武帝接見,並受封為「招討大將軍」、「忠孝伯」,賜姓朱。

1646
● 隆武帝在汀州被殺,父親鄭芝龍歸降清朝後被挾持去北京,母親遇害。

1653
● 於福建海澄擊敗清軍。
● 受永曆帝冊封為延平王。

1658
● 攻占南京失敗後,金廈地區兵力、糧草的補給日益吃緊。

1660
● 荷蘭通譯何斌前來遊說,建議趕走荷蘭人,攻占台灣作為一個足以養精蓄銳的新基地。

1661
● 4月22日率領大軍從金門料羅灣開拔,在澎湖整補完畢,大軍通過鹿耳門水道進入台江內海,開始進行長達9個月的圍城戰爭。
● 荷蘭人開熱蘭遮城投降。
● 派船回廈門接運家眷和軍需糧食到台灣來,同時也把大部分的軍隊分派到台灣南北各地去屯墾,推行「寓兵於農」的糧食增產政策。
● 5月30日在赤嵌地方建立新都,稱為「東都」,下轄承天府及天興、萬年兩縣,展開設官分治、撫輯番社、招徠移民、屯田墾荒等各項措施。

1662
● 2月1日與荷方代表完成和談換約的手續,荷蘭人可以有尊嚴地退出熱蘭遮城,離開台灣,結束38年的統治。
● 6月24日因病去世,年僅39歲,死後葬在台南市北郊的永康市洲仔尾。清軍入台後,將其棺槨遷回福建南安縣的康店山大墓。

【延伸閱讀】
↪ 林衡道等監修、陳三井總纂,《鄭成功全傳》,1979,台灣史蹟研究中心。
↪ 曹永和,《台灣早期歷史研究》,1979,聯經出版公司。

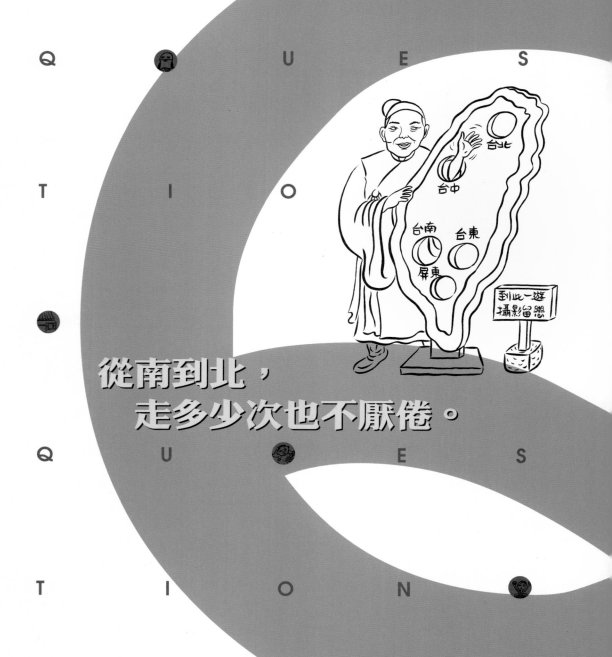

從南到北，
　　走多少次也不厭倦。

鄭氏王朝首席家臣陳永華與下列哪一個台灣地名沒有關係 ？

倦燕歸巢的高雄縣燕巢鄉

長治久安的屏東縣長治鄉

前方鎮上有寶藏的
高雄市前鎮區

高高樹上結檳榔的
屏東縣高樹鄉

4 高高樹上結檳榔
的屏東縣高樹鄉

菁仔

今日台灣南部不少地名，都是從鄭氏治台時期的屯兵地演變而來，在前述的地名中，只有高樹一地的地名與此無關。

鄭成功在1661年率領大軍退守台灣，但是當時在台灣的漢人並不多，養不起如此龐大的軍隊，諮議參軍陳永華便建議採行傳統兵農合一制度——以軍隊組織建制的鎮或營作為屯墾單位，而鎮或營的負責長官也就成為屯墾單位的首領，讓他們各自帶領部屬，攜帶農耕用具以及所需糧食，分赴指定地域墾荒。經過鄭氏三代的墾拓，經屯墾開發的地域大約有35處，各處的命名，有的冠以某鎮營主將官銜，如參軍庄（諮議參軍陳永華所墾地區，在今天屏東縣長治鄉）、前鎮庄（中提督前鎮所墾，在今高雄市前鎮區）；有的冠以鎮營的名稱，如燕巢庄（援剿右鎮、中鎮所墾，在今高雄縣燕巢鄉）等等。

安邦定國的
鄭氏王朝良臣──
陳永華

?～1680

陳永華，福建同安人。他對鄭成功父子的輔弼之功與建設台灣的貢獻，有如三國時期諸葛亮之於劉備父子與蜀漢。當年清軍南下時，他的父親為大明國殉難，後來他隨著鄭成功的軍隊來台，並擔任諮議參軍一職。

鄭氏王朝初建時，因兵馬倥傯一切因陋就簡。然而，為了安定軍情民心，陳永華開始積極整建地方行政官廳，另外他也教民燒瓦造磚、伐竹造廬舍，使人們得以安居。

1664年8月，擔任勇衛、負責訓練部隊的黃安病死，陳永華於隔年奉命接替勇衛鎮統帥職務，同時接手推動屯墾的工作。當時台灣多是未墾之地，人口也不多，於是陳永華便把土地劃分給各駐軍單位去開墾。兵士們到荒地上劈竹為籬，斬茅架屋，種植五穀。這樣一來，不僅荒地得到

開發、兵士日常食用不成問題，而且也有了足夠的糧食以備凶年飢荒之需。此外，為了增加國庫稅收，陳永華教導百姓在海口地方修築鹽埕，攔海水為滷，然後曝晒而成白鹽。此法有效地改良了原本苦澀難嚥的鹽質，加上投入製鹽的人一多，產量也隨之大增。在陳永華的策畫下，台灣的土地開拓日廣，而煮鹽販售到國外的獲利，每年可高達數十萬金。

在陳永華的策畫和獎勵之下，種蔗、製糖、製鹽、燒磚等各項產業陸續展開。他接著建議鄭經建聖廟、立學校。1666年，位於寧南坊鬼仔埔（今台南市中區南門路上）的文廟（孔廟）落成，同時實施考試辦法，建立文官考試制度。

1674年，中國內地發生了三藩之變

陳永華教導百姓修築鹽埕，攔海水以製鹽。

陳永華墓，位於台南縣柳營鄉果毅村。

（平西王吳三桂、平南王尙可喜、靖南王耿精忠聯合反清），鄭經決意趁機親自西征，並任命陳永華爲東寧總制，留守台灣，安撫百姓，同時負責供應西征軍隊糧餉。在陳永華坐鎮之下，內地雖然戰事頻仍，而台灣卻能過安定的日子。

鄭經西征但無功而返，之後便無心國事，反而日日沈迷酒色；加上侍衛馮錫範、總督劉國軒嫉妒陳永華在民間的聲望，處心積慮處處排擠他。陳永華眼見國政日非，便主動請求解甲歸田，最後鬱鬱而終，留下壯志未酬的遺憾。

陳永華對台灣的開發與教化，影響既深且廣。現今，在台南孔廟附近就有一座祭祀廣澤尊王的永華宮，廟內供奉有陳永華的木像，供人祭祀、追念。

台灣

發行人：王阿舍　發行所：遠流舊聞社

舊聞提要

1. 延平王鄭成功於1662年病逝台灣。
2. 清廷與荷蘭聯手攻打金門、廈門，延平王世子

陳永華議建文廟落成

【本報訊】繼1666年（明永曆20年）1月，主祀孔子的文廟在鄭氏王朝首都承天府（台南）內落成後，3月時鄭經又派諮議參軍陳永華主持太學，正式確立了學校教育的制度。

文廟落成當日，鄭經率領文武官員舉行盛大的落成儀式，在旁觀禮的有好幾千人，場面十分莊嚴肅穆。這座由陳永華提議鳩工

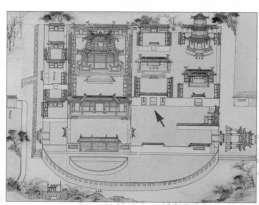
▲ 文廟的空間配置圖，明倫堂（太學）位在文廟右側（紅色箭頭處）。

歷史報

1666年3月20日　穿越時空　獨漏舊聞

▲依照文廟規制「左學右廟」的原則，在太學與文廟之間設有圍牆，開「禮門」、「義路」為出入口。圖為文廟內的義路。

2. 鄭經遂於1664年退守東都（台灣）。
3. 清廷派遣靖海將軍施琅於1665年攻打台灣，但遭遇颶風無功而返。
4. 承天府文廟於1666年正月舉行落成典禮。

讀報天氣：多雲轉晴
被遺忘指數：●●●

鄭氏王朝的教育與宗教有了新走向

▲ 文廟的出現，象徵台灣邁入漢文化的新時代。

▲ 文廟大成殿正面外觀，內供奉有至聖先師孔子的牌位。

興建的文廟，歷時兩年終於完工。文廟的完工，象徵台灣將邁入漢文化的新時代。太學所在的明倫堂即位在文廟旁邊，並賜名為「鄭藩國學」。此後，人民不但有受教育的機會，官方也有了選取人才的正式管道。

身負「東寧總制」之責、一心以儒家傳統捍衛者自居的陳永華，面對各地荷蘭人遺留下來為數不少的教堂和學校，猶如芒刺在背。他在廟堂之上嚴厲地斥責主張弛禁基督教者，並三令五申地禁止基督教的傳佈。甚至，為了革除這些「異端」、「淫祠」的崇拜，他除了致力於儒教文化的推行，改變台

灣社會的人文氣息外，還積極鼓勵宗教寺廟的興建，讓民間信仰重回漢人日常生活之中，以安撫移民浮盪的民心。

▲ 西拉雅人所興建的公廨，作為聚會、祭祀場所，同樣被統治者視為「淫祠」，欲除之而後快。

於是，承天府內各式寺廟如雨後春筍般出現，這些廟宇大多建立在赤嵌的海岸線一帶，例如大井頭街（民權路）的北極殿，主祀玄天上帝，為鄭氏王朝的官廟亦為航海神明；位於福安坑出口北側（府前路）的良皇宮，主祀的保生大帝是一位醫神；位於磚仔埕（普濟街）的普濟殿，主祀池府王爺也是護佑眾生之神。從這些廟宇奉祀的神明種類，可以看出移民們渴求神靈護佑、祈望生活安康的現世福報心態。

雖然這些廟宇有助於安定百姓精神生活，甚至還成為村落居民聯誼互助、排解糾紛的中心，但陳永華接著又顧慮到：各寺廟的信仰能否和平共存？會不會變成結派、互鬥的根源？因此他特地招請對岸高僧來台，在他的營墾區開化里（台南縣白河、六甲一帶）興修碧雲寺、龍湖巖等供奉觀音佛祖的佛寺。陳永華的目的在於引入佛教，期望原本是泉州地方守護神的觀音與佛祖，能夠跨越原鄉信仰的隔閡，成為各族群共同崇拜的信仰。他期望透過高僧的弘法以及通俗佛教的傳佈，使人們能超越祖籍的偏見，讓移民

▲ 由鄭成功創建的北極殿，主祀明朝守護神玄天上帝。

▲ 由軍隊與居民共同興建的開基靈佑宮，同樣供奉玄天上帝，一般稱之為「小上帝廟」，與「大上帝廟」（即北極殿）區隔。

社會能逐漸減少因不同祖籍、不同的神明崇拜所造成的武力衝突。

▲ 普濟殿主祀池府王爺，是承天府（台南）內第1座王爺廟。圖為王爺左右的侍衛塑像。

出生年不詳

1658
- 鄭成功計畫北征，陳永華獨排眾議極力支持。
- 受命輔佐世子鄭經。

1662
- 鄭成功過世。
- 出任諮議參軍一職。

1664
- 鄭氏軍隊失掉金門、廈門兩處根據地。

1665
- 出任監軍御史，兼勇衛一職。
- 建議興建文廟。

1674
- 鄭經率軍西征，陳永華出任東寧總制，留守台灣。

1680
- 逝世。

【延伸閱讀】
➭ 彭賢林，〈最早從事台灣建設的人——陳永華〉，《台灣先賢先烈專輯第3輯》，1978，台灣省文獻委員會。
➭ 莫光華，《台灣先賢先烈專輯——陳永華傳》，1998，台灣省文獻委員會。
➭ 鄭道聰，《86年度全國文藝季——「全台首學」文化街區導覽》，1997，台南市立文化中心。

鼎鼎大名講乎你聽，不驚你不知。

1 飛鴿將軍

2 戎馬書生

3 高深莫測藏鏡人

4 足智多謀諸葛亮

2^A 戎馬書生

戎馬書生

戰略 總部
休息中

藍 鼎元是清廷平定朱一貴民變的重要功臣。他以一介書生,擔任南澳總兵藍廷珍的幕僚,
提出許多關鍵性的戰略,讓清軍大破朱一貴的牛車陣,順利平定這場民變。
一開始由於朱一貴的聲勢浩大,一時之間黨眾與良民難以分辨,有人便主張一律剷除,
但藍鼎元卻持反對意見。他認為應該招降游移分子,不但省去軍力的耗損,還可以削弱朱軍勢力、
避免傷及無辜。於是他親自撰寫招降檄書,並在清軍抵達前便開始散發,
以製造大批清軍壓境的印象。後來這些心理戰略果然發揮效果,各地民眾紛紛重舉大清義民旗,
與朱軍劃清界限。才7天時間,清軍就收復當時台灣的政治中心──台灣府城(今台南市),
1個月後全台局勢也順利底定。由於藍鼎元的戰略很有效地區分良民與黨眾、避免黨眾勢力擴張,
也安定了浮躁的民心,因此民間對這位幕後英雄便以「戎馬書生」稱之。

平定台灣民變的文武雙傑——

藍鼎元
1680~1733

藍廷珍
1663~1729

藍鼎元，福建漳浦人，自幼即立志以文章經世濟民。1721（康熙60）年，台灣朱一貴起事，藍鼎元應族兄藍廷珍之邀隨軍東征，充當廷珍幕僚，不僅平定民變、事後清鄉等諸多策

藍鼎元畫像。

略，皆出自他的謀畫，他更為平台、治台提出了一系列的方案和措施，而被譽為「經世良才」、「籌台宗匠」。

藍鼎元的族兄藍廷珍，比鼎元大17歲。他年少時在家務農，年紀稍長後投奔浙江定海總兵藍理麾下。藍廷珍在族親藍

理的提攜下，從定海營把總一路晉升至溫州鎮右營游擊。後來由於緝捕海盜有功，1717年遷昇澎湖副將。夏秋間，又授南澳總兵，兼管碣石、潮州二鎮的軍務。朱一貴起事後，藍廷珍接受平台重任，因顧念身旁缺乏謀士，加上對族弟鼎元的學識與謀略相當賞識，於是邀他同往。

1721年7月10日，藍廷珍會同福建水師提督施世驃，率領舟師進抵鹿耳門，不久便攻陷鹿耳門砲台及安平。這一場民變之所以平定，主要是因為藍鼎元擬定招降書，成功地爭取到百姓支持，使得原本勢力浩大的朱一貴黨眾迅速瓦解。

民變平定後，清廷意圖實施「清莊」，使「奸民」無所藏匿滋生，然而藍鼎元堅持不可「棄地遷民」，他認為「人無良匪，教化則馴；地無善惡，經營則善。」何必因噎廢食，盡燬田園？由於他的力陳，讓台灣民眾免除顛沛流離之苦。

為了整頓吏治、根除官逼民反的情事，藍鼎元除了標舉「刑罰異用，鼓勵臣節」的原則外，並主張結合全台文武官員，各捐資本，在未開墾的草埔地結廬招佃、分地拓墾成良田，作為官府田產。如此一來，官府經費充足，官吏收入豐厚，自然就不會擾民。一旦田園日廣、官民富足了，「賊害」、「匪亂」也就無從發生；這就是藍鼎元所構想的開發藍圖。

1723（雍正元）年，藍鼎元由台灣返回故里，雖參加科舉未能上榜，但仍破格被選拔進京，參與纂修《大清一統志》。

綜觀藍鼎元在台時間雖短，但他回到中國大陸後仍不時上疏朝廷，或致書台灣行政官員，提供各項建議。他對台灣政務的許多規畫，雖然一時被認為陳意過高、流於理想而未被採納，但後來都成為治台的重要參考。

1727年，雍正皇帝召見藍鼎元並委以重任：授廣東省普寧縣令，後又兼攝潮陽縣，他從此走上宦途。由於他為政清正廉明，秉公辦事，不免得罪權貴而被誣去職。6年後，冤案昭雪，又被委以廣州知府之職。不過他抵任僅1個月，就因患痰喘病逝廣州知府任內，得年54歲。至於當時邀他同往台灣的族兄藍廷珍，則因平定民變有功，累官至福建水師提督。1729（雍正7）年過世，得年66歲。

臺灣與吳觀察論治臺灣事宜書

臺灣當朱一貴作亂之後，干戈蹂躪，哀鴻遍野，繼以風災掃蕩，癘疫連綿，餘民之憔悴極矣。三年來，父母撫摩起根植地方，寧靜撫培養艱難，猶未復元氣消置凌之習，則教化宜俗久安長治為己任。官斯土者，可不百倍留心以今天子眷念海疆，慎簡賢能以高行卓持命觀察是邦。臺之民其有

藍鼎元對於治理台灣有他一套獨特的看法。

台灣

發行人：王阿舍　發行所：遠流舊聞社

舊聞提要
1. 朱一貴於1721年5月，率眾攻破台灣府城，並自立為「中興王」。
2. 下淡水地區客家人組成「六堆」，於1721年5

▲ 中國大陸東南沿海的人民無視於朝廷頒佈的禁令，前仆後繼來到台灣開墾，而黑水溝（台灣海峽）變幻無常的海象與沿海港口布滿廣大的沙汕，給移民者帶來了更大的危機。

歷史報

1722年1月13日 穿越時空 獨漏舊聞

月與福佬人相互殘殺。

3. 南澳總兵藍廷珍與水師提督施世驃於1721年
6月平定朱一貴民變。

4. 清廷下令自1721年起大小文武官員不准攜眷
渡台。

讀報天氣：多雲轉晴

被遺忘指數：●

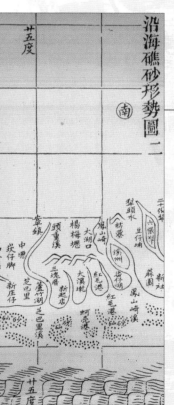

沿海礁砂形勢圖二

民變平定，台灣百廢待舉
軍師獻策，反對封禁政策

【本報訊】自去年收復台灣府治後，南澳總
兵藍廷珍與首席幕僚藍鼎元日夜籌謀，一方
面繼續清剿朱一貴餘
黨，另一方面考慮如
何經理台灣。

　　關於台灣地位的
重要性，施琅在〈台
灣棄留疏〉中已經分
析得相當透徹，他認
為「棄之必釀成大
禍，留之誠永固海
疆」。台灣一地關係
著中國大陸東南半壁
的興亂與否，台灣在
治安、國防上的重要

▲ 台灣大小民亂不斷，有「3年一小反，5年一大亂」之稱，其中朱一貴事
件與林爽文事件，是清朝兩件規模最大的民變。這幅銅版刻畫描寫的是
福康安率兵攻破斗六門的情景，林爽文自此節節敗退。

性已無庸置疑。但是清廷將台灣納入版圖
後，卻始終以消極的態度來治理台灣，對於
漢人移墾台灣也採取封禁政策。康熙皇帝對

於台灣聚居大量漢人移民深具戒心，認為這些人可能會惹事生非，引起社會動盪，進而威脅到中國大陸的治安。

然而，官府的禁令卻無法阻止一波又一波的移民；在連年災荒下，他們不惜冒險偷渡來台謀求生路，使得台灣的人口不斷增加，再加上福建對台灣糧食的依賴又日益加深，因此，清廷僵硬的封禁政策便不斷地遭受挑戰。

對於這樣的現象，藍鼎元主張應該積極開發台灣。尤其在處理過朱一貴事件善後工作後，藍鼎元更對封禁政策大加質疑。在實地考察過台灣情況後，他認為封禁政策，不僅過於保守，實際上也無法維持治安。加上漢人移民多為男性，造成了台灣社會結構的畸形化，反而更促使台灣社會的動盪不安。

因此他強調，消極的封禁根本無法阻遏一波波的移墾潮流，清廷應該面對現實，改以積極的態度主動開發台灣，讓台灣社會的結構正常化，以滿足百姓生計，如此才能真正達成社會安定與有效治理台灣。

▲ 朱一貴事件後，藍鼎元編著《平台紀略》一書，詳細紀錄鎮撫事件原委，並提出他開發台灣的具體藍圖。

▲ 台灣的移民社會性別比例差距很大，特別是經濟情況較差的男性根本找不到結婚對象，這群「一人吃飽全家飽」的人常常是偷竊嫖賭無所不為，多次民變也都有他們的加入。這些人被稱為「羅漢腳」。

▲ 康熙皇帝對於大量至台灣開墾的漢人深具戒心，認為這些人可能會惹事生非，引起社會動盪，進而威脅到中國大陸。

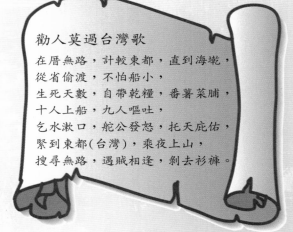

勸人莫過台灣歌

在厝無路，計較東都，直到海垢，
從省偷渡，不怕船小，
生死天數，自帶乾糧，番薯菜脯，
十人上船，九人嘔吐，
乞水漱口，舵公發怒，托天庇佑，
緊到東都（台灣），乘夜上山，
搜尋無路，遇賊相逢，剝去衫褲。

在實際的政策上，藍鼎元提出「添兵設防、廣聽開墾」的治理措施，主要目的在於造就一良好的謀生環境，改善百姓的生活。

藍鼎元所提出的主張若是能得到朝廷的採納，清廷的治台政策將從消極趨向積極，由防範走向開發，進入更大的格局。

1663
- 藍廷珍，字荊璞，出生於福建漳浦。

1680
- 藍鼎元，字玉霖，別字任庵，號鹿洲，出生於福建漳
  埔縣莨溪山尾頂村。

1690
- 族叔藍理移鎮舟山，藍廷珍不遠千里渡海自請入伍。

1695
- 藍廷珍因功擢昇把總。

1699
- 藍廷珍調遷磐石守備。

1707
- 藍鼎元受聘於鰲峰書院編纂儒家先賢文集，他的文采
  開始名聞鄉里，見重士林。

1717
- 藍廷珍昇澎湖副將。夏秋間，又授南澳總兵，兼管
  碣石、潮州二鎮的軍務。

1721
- 朱一貴起事後，藍廷珍接受平台重任，邀藍鼎元擔任
  隨軍佐理文書的幕僚。

1723
- 朱一貴事件平定後，藍鼎元根據自己親身經歷，編著
  《平台紀略》一書。
- 藍鼎元被舉薦進京，受命到內廷編校圖書，參與纂修
  《大清一統志》。

1727
- 藍鼎元蒙獲雍正皇帝賞識破格擢用，出掌廣東省普寧
  知縣，又兼任潮陽知縣。

1729
- 藍鼎元遭到栽贓陷害，被革職入獄。潮州郡守胡恂以
  編修府志的名義，力保藍鼎元出獄。
- 藍廷珍病死於福建水師提督任內，享年66歲。

1732
- 雲貴總督鄂爾泰向雍正皇帝申明藍鼎元遭誣告的始
  末，讓他的罪狀有了平反的機會。

1733
- 3月藍鼎元被誣告一罪受到平反，並被重新派任為廣州
  知府。

1733
- 6月22日藍鼎元抵達廣州履任才1個月，就因為積勞痰
  喘，病亡於廣州知府任內，得年54歲。

【延伸閱讀】
- 蔣炳釗，《台灣先賢先烈專輯：藍鼎元》，1998，台灣省文
  獻委員會。
- 柯志明，《番頭家：清代台灣族群政治與熟番地權》，
  2001，中央研究院社會學研究所。
- 藍鼎元，《平台紀略》，1997，台灣省文獻會重印版。

我有狗仔隊的技術，
可是我生肖不屬狗。

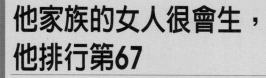

1 他家族的女人很會生，
他排行第67

2 他很清廉，薪水只有
67石米

3 他愛民如子，每天都要聽
67個百姓訴苦

4 你管我，咱家鄉就
流行用數字取名字

4

A
你管我，咱家鄉就流行用數字取名字

我就愛！

清代台灣史上有一位滿籍巡台御史，他的名字叫六十七。

這個特殊姓名，來自於滿洲人的命名習慣。滿洲人喜好用數字為名，除六十七以外，比較著名的還有七十一（乾隆朝進士，著有《西域聞見錄》）、七十五（乾隆年間征金川及廓爾喀有功）、八十六（江寧將軍）、九十（乾隆年間征金川有功，官至廣西提督）。

在滿洲人的傳統社會中，同一姓氏的人會聚居一地，日常接觸的都是同姓氏之人，因此見面時多直稱對方名字，不冠姓氏，即使在官方文書中，也多半只寫本名，而省略姓氏。

以數目為名之習俗，在漢人社會並不多見，頂多作為小名，但在滿洲人社會，卻頗為普遍。

滿洲人以數目命名，主要是以子女出生時祖父或父親年齡為據，少數是父母年齡之總和，但也有用來作為期許子女高齡長壽的。六十七的命名由來，究竟屬於何種原因，則仍有待查考。

采風問俗的巡台御史——

六十七

生卒年不詳

　　六十七，滿洲鑲紅旗人，是清代台灣在任最久的巡台御史。

　　朱一貴事件平定後，為了瞭解台灣的狀況，康熙皇帝便指派「給事中」（滿人漢人各一名）擔任巡台御史，定期巡視台灣，此後便成為慣例。巡台御史等於是皇帝的「耳目」，替皇帝到台灣各地巡視，並擁有「隨時條奏」的權力，讓地方上感受到皇帝親臨的壓力而心生畏懼。

　　巡台御史初設時，辦公處所設在台灣縣東安坊（今台南市），除了觀察地方風俗、探訪民隱，適時上奏外，每年必須定期於農閒時分，巡視南北二路，檢閱兵營與崗哨事務。

　　六十七任職巡台御史的期間，是這項官職最具威望、政績最可觀的時期。他於1744（乾隆9）年到任後，除了致力於公務政事，平素亦熱中於采風問俗。博學多聞的他，除了招請畫工繪製「番社采風圖」

外，還與另一位漢籍巡台御史范咸重修了《台灣府志》。

　　此外，在六十七的為官生涯中，值得記上一筆的，要屬〈奏請准予台民搬眷及內地民人來台探親〉和〈為台民向閩省督撫爭取台穀權益〉這兩件政事。其中搬眷、探親一事，肇因於清廷領台後，為防範抗清事件而實施渡台限制令。這項禁令使台海兩岸交通備受阻隔，導致偷渡、骨肉離散的悲劇不斷發生。六十七到任不久，便奏請修改這項不合理的禁令。他提出兼顧法令尊嚴與人道立場的建議，主張繼續實施禁止偷渡的限令，但對已經在台灣置產者，應該開放親屬來台探視或定

六十七平時致力於公務政事之外，亦熱中於采風問俗，並招請畫工繪製采風圖。

居。儘管這項良政實施年餘後,即再度遭禁,卻足以見六十七以民疾為念的苦心。

至於爭取台穀權益一事,則始於雍正年間。每年春、秋二季,台灣必須調撥米穀運赴福建平糶。表面上是由福建派員到台灣採購「餘穀」,事實上官定的收購價格遠低於市價,因此不少人便隱匿餘穀、藉故積欠應繳的米穀,造成供需失衡、米價大漲的混亂情況。歷任巡台御史多有反映,然而始終未獲妥善解決,反而造成福建巡撫與巡台御史間的對立。

1746(乾隆11)年,福建巡撫周學健舉發台灣官員私買米穀的陋弊,六十七身為巡台御史,深知民隱,便上書請求暫停造成台民負擔極大的採買之舉。無奈乾隆皇帝已有「台粟發買之弊,皆出自官吏作奸」的成見,乃對六十七等人嚴加責難。台米採購之事,雖然日後證明六十七等人所奏屬實,卻已造成巡台御史威信掃地的傷害。此案並導致六十七等人遭致革職處分,並間接影響巡台御史一職的實質功能,埋下日後乾隆撤銷派遣巡台御史的導火線。

六十七在政途上雖然沒有圓滿的收場,但是他在任內所修的《台灣府志》及遺存文稿,讓後人得以瞭解當年的台灣民俗與文化,極具價值,六十七之名也因此永留史冊。

台灣

發行人:王阿舍　發行所:遠流舊聞社

舊聞提要

1. 清廷於1740年賜台灣中部岸裡社原住民「潘」姓。
2. 劉良璧於1741年編纂《重修福建台灣府志》。

巡台御史部落走透透

【本報訊】巡台御史六十七聘請畫工繪製的「番社采風圖」,將於近日上呈乾隆皇帝,恭請御覽。雖然御史大人一再表示,他只不過是抱著采風錄俗的心情,來採擷純樸無華的異地風俗,但據推測,六十七應有上呈天聞、克盡巡臣之職的政治動機。

六十七任職台灣之際,正值乾隆皇帝威治勵政、力求作為的時期。為了表現這樣的盛世,遂有「方物有錄、職貢有圖」這類以繪畫方式記載外邦朝貢圖像的「職貢圖」出現。六十七繪作「采風圖」上呈御覽,幫助皇帝瞭解各地民情土俗,其創作心態上難免會有以上對下、宣示國威的教化優越感。不過就文化價值而言,「番社采風圖」仍有獨到之處;不論是實際繪作的畫工或委託製作的六十七,均對「番」社實際生活狀況,有較直接且深入的瞭解,同時,在繪作的過程中也對台民投以一定的認同心態,甚至帶著某些同情的心緒。

歷 史 報

1746年2月1日　穿越時空．獨漏舊聞

3. 范咸與六十七等人所撰修的《重修台灣府志》於1746年完成。
4. 巡台御史六十七聘人繪製「番社采風圖」，內容描述台灣原住民的生活。

讀報天氣：多雲轉晴
被遺忘指數：●

原住民生活景象躍然紙上

　　在中國歷史上，向來以中原為天下至善之地，以華夏子孫為天下至尊之人，其他地區皆被視為蠻荒，其他族類被視為番夷。這正是歷代中國官方的想法：視其他民族「非人乃獸」，一切皆以華夏文明為正統，並以此作為天下移風易俗的依據。福建巡撫陳弘謀彙整圖樣、謝遂繪製的「職貢圖」就是一個明顯的例子。該幅圖滲入了對其他民族一定程度的偏見與鄙視，畫中的人物造型皆被繪成披髮、裸身，或以獸皮草葉蔽體。基本上，這些造型特徵反映了畫者對其他民族的陌生感與好奇心，甚至是恐懼、疏離。這種蠻夷番族的「非人化」造型，正是一種自我中心意識的投射。

　　相較起來，「番社采風圖」中的人物形

▲ 采風圖內容分為兩大類，一類是平埔族的生活，一類是台灣當地的物產。圖為台灣常見的刺竹、青竹絲與蜥蜴。

▲ 圖為葫蘆、豌豆（又稱荷蘭豆）、番柿。

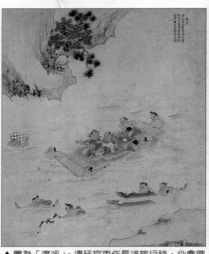

▲ 圖為「捕鹿」，平埔族稱為「出草」。鹿是平埔族最主要的獵物，不但肉可食用，皮也可製成衣服。

▲ 圖為「渡溪」。清廷官吏作長途旅行時，必會徵召平埔族人來充當苦力。行陸路時負責扛運行李、駕駛牛車，渡溪時負責推筏。

▲ 圖為「迎婦」。

象，便蘊含了較多的同情、理解與尊重，在繪作的態度上，未見明顯有輕蔑、鄙夷的姿態，反而在面對這些奇風異俗時，流露出對這塊土地及其上生民一種歌頌、羨慕的情緒。正是基於這種心情，「番社采風圖」畫中的人物、風情、山川、聚落，無不呈現出一種自在適意的氣氛。不管是女耕男獵的生活型態，或是捕鹿射魚、揉採織布、乘屋競走，人物造型不論男女老幼，或裸身或著衣，都充滿著自信與尊嚴。

「番社采風圖」以一種全面而深入的角度，展現此時的台民生活，一如許多遊台的內地人士所記述的詩作，歌詠台地居民的質樸。六十七來台期間，雖以御史身分「宣化皇仁」，走遍台灣南北各地，但不忘心存尊重，用具體的圖像，紀錄台民的生活景象。

他留給了後世子孫一個可以溯源、懷想的珍貴資產。

◎「皇清職貢圖」的原住民群像

閩粵等省因為對外貿易之故，與西洋各國與大清屬國往來頻繁。乾隆遂下令各省將境內的外國人與少數民族的形貌衣飾繪製成圖，即「皇清職貢圖」。其中，福建省進呈有台灣原住民圖樣共14幅。

▲ 彰化縣水沙連等社社民

▲ 彰化縣西螺等社社民

▲ 淡水廳竹塹等社社民

生卒年不詳
- 字居魯，滿洲鑲紅旗人，以內閣中書資歷，就任戶科給事中。

1744
- 抵台接替書山，成為滿籍巡台御史。

1745～46
- 聘人繪製「台海采風圖」、「番社采風圖」。

1744
- 11月，提出兼顧法令尊嚴與人道立場的建議〈奏請准予台民搬眷及內地民人來台探親〉，主張繼續嚴格實施禁止偷渡的限令，但對已在台置產者，開放其親屬來台依親。

1746
- 1月，延任巡台御史2年。
- 福建巡撫周學健以籌畫米源、調節民食為由，舉發台灣官員私買米穀的陋弊。六十七身為巡台御史，深知民隱，便上書〈為台民向閩省督撫爭取台穀權益〉，請求暫停造成台民負擔極大的採買之舉，而遭致革職處分。

【延伸閱讀】
⇨ 杜正勝，〈番社采風圖題解——以台灣歷史初期平埔族之社會文化為中心〉，《番社采風圖》，1998，中央研究院歷史語言研究所。
⇨ 莊吉發，〈滿州命名考——數字命名的由來〉，《故宮文物》57期，1987，台北故宮博物院。
⇨ 蕭瓊瑞，《島民‧風俗‧畫——18世紀台灣原住民生活圖像》，1999，東大圖書公司。

上班一條蟲，下班一條龍。

因為他目無王法，據地為王 1

因為他膽小怕事，臨陣脫逃 2

因為他勾結外人，貪贓枉法 3

因為他心狠手辣，斬殺戰俘 4

4 ^A

因為他心狠手辣，斬殺戰俘

鴉片戰爭期間，中國大陸沿海北起山海關、南到珠江口，都受到英國砲艦的侵擾，
台灣也無法倖免。當時負責台灣防務的是首席文官台灣道姚瑩以及台灣總兵達洪阿，
他們除了加強常備兵員的海防演訓，還積極招募義勇、團練充作後援。
姚瑩與達洪阿率領這些勁旅，5度擊退來犯的英軍，並擄獲百餘名英國戰俘。為了激勵士氣，
姚瑩與達洪阿將這批被俘虜的人員，除軍官和病死者外，其餘1百多名皆斬首示眾。
戰爭結束，中英雙方簽訂「南京條約」，英國指稱姚瑩所擊沈的英國船隻並非戰船，
是因船難而觸礁的商船，被俘虜的也不是作戰人員，因此指控台灣官吏妄殺英國船民，
原本是戰勝功臣的姚瑩、達洪阿最後落得被革職貶官。

擅長軍事的 台灣最高文官——

姚瑩

1785~1853

　　姚瑩，清朝嘉慶年間的進士。他從24歲開始踏上仕宦之路，起初也許只懂得四書五經，但在歷任了多項職務之後，逐漸成為法務、財務、鹽政與治河的專家，對於軍事邊防也有獨到的見解。

　　1819（嘉慶24）年，姚瑩來台擔任台灣縣（今台南市一帶）知縣，3年後，被調為噶瑪蘭（今宜蘭）通判。任內，他致力調解漢「番」之間、漳泉粵人之間因開墾或其他細故而發生的械鬥，不料卻因為之前一件違反審訊程序的糾舉案件被遭到革職。姚瑩被革職後，境況甚為困窘，全賴台灣縣及噶瑪蘭廳的地方人士接濟，方能離台內渡。不久，他因為平亂有功再度受封任官，並於1838（道光18）年擔任台灣道（台灣官階最高的文官），再度負責台灣事務。

　　二度來台後，姚瑩在台灣道任職期間遇上鴉片戰爭爆發，他與台灣總兵達洪阿合力固守海防。1841年8月13日，英艦納爾不達號（Nerbudda）進犯基隆，在台灣守軍與風浪的夾擊下，船艦觸礁沈沒。翌年，台灣的守軍又在大安港擊敗英艦阿恩號（Ann）。總計自1840到1842年間，台灣守軍5度擊退侵台英軍。在這期間，姚瑩一再上書反對朝廷與英國和談。

　　戰爭結束後，中英雙方簽訂南京條約，英國代表此時指控姚洪兩人妄殺俘虜，清廷於是將他們革職，姚瑩隨之被貶至四川與西藏邊境。斬殺戰俘事件雖然使得姚瑩丟官，卻也讓他博得更高的名聲。咸豐初年，朝廷便以姚瑩曾在台灣盡忠盡力為由，再次起用他處理軍務，擔任廣西、湖南兩省按察使，圍剿太平軍。老年從戎的姚瑩，由於年老力衰，操勞焦慮，

鴉片戰爭期間，姚瑩積極招募義勇、團練，以求固守台海安全。

鴉片戰爭爆發後，姚瑩建議在全台17處海港興建砲台，安平小砲台是其中的一座。

最後病死軍中。

　　對台灣來說，姚瑩最大的功績就是在鴉片戰爭期間成功地守護了台灣。他盡一切的力量，維持社會的安定，防禦外來的侵犯，依照他認為正當的觀念與標準，處理一切突發的事件。由於戰事長達兩年，台灣一度遭到封鎖，中國大陸與台灣之間交通中斷，加上這時台灣又發生兩次反清事件，台灣內部隨時有崩潰動亂的危機。此時英艦的出現，對台灣而言真是牽一髮而動全身。因此，他與達洪阿捕獲英艦，可以說成功地阻止了內部崩潰的危機。

　　鴉片戰爭前，姚瑩多數時間留在台閩地區，對於地方反清事件，他的政策是以緝拿盜匪與清除反叛勢力為主。鴉片戰爭後，姚瑩以60高齡被貶，他的想法有所改變，開始大力提倡邊防要務，講求世界地理知識，研究國際事務，因此也留下不少邊防籌議的論述。

　　整體來說，姚瑩是一位勤於政事也勇於接受新知的官僚。他拱衛台灣、維持安定的努力，值得肯定。

台　灣

發行人：王阿舍　　發行所：遠流舊聞社

舊聞提要

1. 胡布聚眾起事傷斃官兵多人，1838年由台灣鎮總兵達洪阿平定。
2. 鳳山縣知縣曹謹督建的水利工程完工，1839年

▲「海山館」提供駐防台灣的福建水師班兵一處住宿與社交的場所，此建築位於安平。

歷史報

1841年10月11日 穿越時空 獨漏舊聞

被命名為「曹公圳」。

3. 台灣道姚瑩於1840年擬訂〈台灣十七口設防狀〉，目的在使台灣防務能事有專責。

4. 英船納爾不達號1841年在雞籠口外與台灣守軍發生衝突。

讀報天氣：多雲轉晴

被遺忘指數：●●●●

鴉片戰爭台灣戰場告捷
班兵制度的裁撤話題再次被冷凍

【本報訊】鴉片戰爭開打後，英方進攻猛烈，而清廷也準備在寧波、鎮海積極反攻。此時，台灣擊沈英艦的捷報適時傳來，道光皇帝龍心大悅，立刻恩賞駐守台灣的姚瑩、達洪阿以及其他有功人員。這場勝利，也讓當初因反對裁撤班兵而備受其他台灣官員杯葛的姚瑩，放下心中大石。

　　據了解，台灣武備建制與中國大陸並不相同，由於清廷對於遠懸海外的台灣多有疑懼，所以另外設計了一套「班兵制度」：駐防台灣的部隊不能在當地招募兵員，而是從福建各營中抽調年輕力壯、武藝嫻熟的士兵渡台充任，3年任滿後仍舊返回福建本營，由另一輪士兵來台替換。班兵若有缺額，也不能在台募補；班兵來台後若有死傷逃亡，必須由其原營派遣同額兵丁來頂補。

　　清廷甚至考慮到這些班兵可能倒戈相

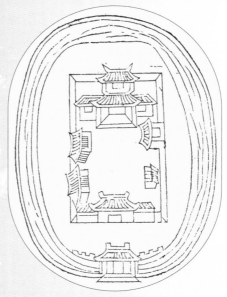

▲ 彰化縣水師游擊署平面圖。

向，轉成抗清武力，所以特別挑選誠實安分且已成家者擔任，而且家眷必須留在家鄉，不能同行。清廷這項措施明顯的是要以士兵的家人為人質，使他們不敢在台造反作亂。以上種種無非是要避免在台將領擁兵自重及駐台軍隊兵變。

▲ 清兵所戴的帽子。

清廷實行班兵制，除了是對駐台軍隊存有戒心之外，也是基於財政的考量。因為在台灣重新招募士兵，勢必增加財政負擔，但是如果調福建部隊長期來台戍守，又深怕造成中國大陸防務的漏洞，於是便採取「班兵」這種折衷措施。

班兵制度雖然解決了財政困難的問題，但也造成許多弊病。首先，從福建各營中抽調來的士兵，彼此之間語言及風俗習慣不盡相同，造成了訓練及稽查上的種種不便。但是，同籍官兵聚集一處，又會助長營兵仗勢欺凌百姓、甚至參與地方分類械鬥等弊病，因而不得不將同籍士兵分散駐防。另外，士兵每3年換班一次，從台灣返回福建又得再次面對海上交通的風險，因此許多士兵任滿後，根本沒有回到福建本營，反而滯留台灣，造成許多治安問題。

針對班兵制度的缺點，許多台灣地方官員都曾多次建議改革，或者主張招募本地士兵。唯一例外的是最高文官台灣道姚瑩。或許是基於對朝廷軍政政策走向的瞭解，因此他主張「維護邊疆安全，嚴守祖宗成法」，與清廷立場一致。其實姚瑩也了解班兵制度的種種缺失，但在以防範兵變為首要考量之下，就無法兼顧班兵的紀律與戰力了。

在清廷保守的治台政策下，班兵制度近期內恐怕難有重大變革，而台灣的軍政何時能真正上軌道，發揮應有的功能，大概也是遙遙無期了。

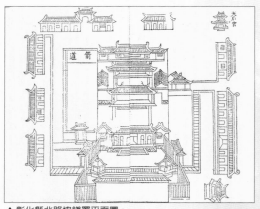

▲ 彰化縣北路協鎮署平面圖。

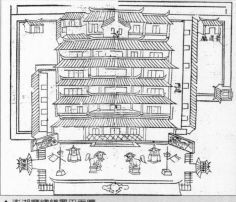

▲ 澎湖廳總鎮署平面圖。

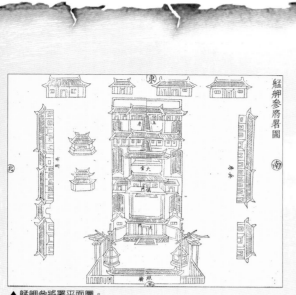

▲ 艋舺參將署平面圖。

姚瑩年表
1785~1853

1785
●出生於安徽桐城。字石甫,號明叔。

1808
●通過進士科舉考試,派任福建平和縣知縣。

1819
●來台擔任台灣縣(今台南)知縣。

1821
●因台灣班兵制度的議論和上司意見相左,被調爲噶瑪蘭(今宜蘭)通判,不久因舊案被糾舉遭到革職,離台內渡。

1824
●5月,因平民亂有功,得到從優議敘的機會,再次任官淮南,佐理兩淮鹽政。

1838
●受到兩江總督陶澍的薦舉,再度受封任官,調任台灣道,成了駐防台灣位階最高的文官。

1841
●與台灣鎮總兵達洪阿在鴉片戰爭期間數度防阻英軍窺伺,捕擄百餘名英國兵士,獲皇帝恩賞二品雲騎校尉的世職。

1842
●被英國代表指控妄殺俘虜,遭到革職懲處,貶官至四川與西藏邊境就任同知、知州。

1851
●昇任廣西按察使。
●參與大學士賽尚阿剿滅太平軍的行動,贊理軍務,屢陳建言不爲主帥所用,數度延誤圍剿時機,讓太平軍聲勢日益壯大。

1853
●受湖南巡撫張亮基舉薦,接任湖南按察使,負責籌措軍糧的工作。由於年老力衰,操勞憂慮,最後病死軍中,享年68歲。

【延伸閱讀】
⇨ 許雪姬,《清代台灣的綠營》,1987,中央研究院近代史研究所。
⇨ 許雪姬,《北京的辮子:清代台灣的官僚體系》,1993,自立晚報社文化出版部。

拳頭母比不過，地頭母鬥作伙。

1 大刀闊斧建設新台灣

2 鼓吹原住民追殺日軍

3 努力養蚊子、散播登革熱

4 設置紅衣大砲，
把日軍打得落花流水

1 ^A 大刀闊斧 建設新台灣

沈葆楨肖像。

沈 葆楨原是派駐福建的船政大臣，當日本以原住民所居住地區不是清廷領土範圍為由、出兵攻打台灣恆春之際，他奉命以欽差大臣的身分於1874年來台辦理海防及對日交涉事務。在他駐台期間，一針見血地指出當時台灣防務、民政上的種種積弊，並提出各種改革措施。在沈葆楨的縝密計畫之下，台灣的行政區劃獲得重新調整，此舉奠定台灣北部的發展基礎；另外他還加強海防工作，修建沿海各海口砲台（如安平的億載金城、高雄的旗後砲台、屏東的東港砲台）；暢通援台管道，一旦台灣有事，便可自中國大陸調撥糧餉、器械、兵勇。對於容易滋生事端的「番」地，沈葆楨則採取「開山撫番」的政策，修建道路以暢通漢「番」之間的交通，同時落實「番」地主權的行使。沈葆楨的積極作為，具有宣示清廷握有台灣領土主權的效果，這是原本計畫侵略台灣的日本暫時打了退堂鼓的關鍵因素。

開啓台灣新視野的欽差大臣——沈葆楨

1820~1879

　　提到台灣的近代化建設，很多人都會想到劉銘傳；其實，若要說到影響清廷治理台灣政策改變的人，應該說是沈葆楨。他在牡丹社事件時奉命來台待命應變，並負責台灣善後事宜。在擔任駐台欽差大臣前後約一年的時間裡，他大力推展海防建設、開山撫番、吏政革新等等，提升了台灣在清朝眼中的地位。

　　沈葆楨出生於福建，一家三代皆以游幕（師爺）為業，並以忠厚樸直之聲聞名於鄉里。他自

西方人為沈葆楨拍攝的相片。

幼在貧苦的士人家庭中得到良好教育，除了熟讀經書之外，也擁有極佳的應變能力和精準的判斷力，在性格上與傳統的迂腐儒士有所不同。道光年間沈葆楨考中進士，進而擔任江南道監察御史。1856年太平天國勢力擴大後，他轉任江西九江知府，並追隨曾國藩掌管湘軍營務、鎮壓太平軍，也因此受曾國藩舉薦升任江西巡撫。之後他歷任福建船政大臣、台灣海防欽差大臣等重要官職，在官場上屢有卓越的表現。

　　沈葆楨以欽差大臣的身分來台辦理海防事務之前，是駐福建的船政大臣，對於治台政策有獨到的見解。他認為，台灣開放通商後，外國商船見有利可圖將會紛紛前來，為了杜絕外國勢力的覬覦，避免再發生外交衝突事件，必須一改之前消極治台的方式，全面開發原住民居住的地區（即「開山撫番」政策），同時澄清吏治、加強海防，以積極有效的治理來收攬民心，才能恢復台灣的安定。

　　在開發山地方面，他首先廢除中國大陸人民渡台的各種限制，並奏請朝廷解除山地封禁政策，並鼓勵移民前往後山開墾。在地方行政上，他重新調整行政區劃，將台灣由原來的一府劃為台灣、台北兩府，增設恆春縣、埔里社廳、淡水縣、新竹縣、宜蘭縣、基隆廳等，以加強設官

台灣第一座西式砲台「億載金城」，為沈葆楨所創建。

治理來維護地方的治安；在加強海防上，他致力於修建沿海港口砲台、裁汰部分怠惰之綠營班兵，改募台灣鄉勇編建勇營，重新整備台灣的海防實力。

　　沈葆楨深知民心之向背乃是天下安危之所繫，因此他也注意到如何視民之所好來施政。長期以來台灣官員辦事效率不佳、吏治不清明、營兵不守法，早已失去民心，因此沈葆楨特別致力於整飭吏治和整頓營伍。此外他也特別為鄭成功建造延平郡王祠，以彰顯鄭氏「開拓台灣」的風範，來收攬人心。

　　沈葆楨共來台兩次，合計停留的時間不到1年，但他一系列治台政策，無非是希望使台灣成為中國大陸東南各省的海上屏障。雖然短期間內的努力無法彌補清廷長期以來在台灣的錯誤施政，然而積極地開發山地、調整行政區劃、加強台灣防衛力量等等銳意的經營，都為日後台灣建省奠下了良好基礎。

台灣

發行人：王阿舍　　發行所：遠流舊聞社

舊聞提要
1. 加拿大長老教會宣教士馬偕於1872年來到台灣宣揚福音。
2. 日人樺山資紀率眾於1873年來台蒐集相關

▲ 日本人所繪之日軍出兵攻打牡丹社圖。

▲ 日軍與牡丹社民交戰地點：石門。

歷史報

1875年1月12日　穿越時空　獨漏舊聞

情報，在台停留4個月後離去。
3. 日軍1874年在屏東車城登陸，攻打原住民牡丹社、高士佛社。
4. 清廷於1875年命沈葆楨總理台灣的「開山撫番」事務。

讀報天氣：陰雨轉晴
被遺忘指數：●●●●

鄰國日本挾武力犯台
沈葆楨開山撫「番」宣示領土主權

【本報訊】1874年3月，日本以台灣生「番」殺害遭遇船難的琉球藩民為由，出兵攻打牡丹社（社址在屏東縣牡丹鄉）。清廷獲知此事後，便派遣沈葆楨以總理船政大臣的身分，帶領輪船兵員前往台灣「巡閱察看」。

沈葆楨原本是以在籍紳士身分總理福建船政，並無官職在身。後來當日軍派兵正式登陸瑯嶠（屏東車城）後，清廷才發現事態嚴重，於是改授沈葆楨為欽差大臣（負責台灣海防兼理各國事務），以便與日本領兵官辦理交涉事宜。沈葆楨抵台後，一面巡察各地防務，一方面從中國大陸請調精兵赴台，最後迫使日軍知難而退，讓這場糾紛順利落幕。

這場糾紛雖然導因於日本的野心，然而清廷模糊的領土意識，也助長了外國勢力覬覦之心。清廷原本是將台灣生「番」居住的地區視為大清帝國版圖以外的「化外之地」，

▲ 軍隊在開通道路的過程中，會不斷遭遇到沿線原住民部落的攻擊，圖為操練中的清軍。

但這次的衝突讓清政府意識到，曖昧不清的生「番」地區管轄歸屬，已危及台灣整體的安全，因此當沈葆楨在從事戰備及對日交涉、促日本撤兵之際，也同時積極展開對生「番」的招撫工作。撫「番」的首要工作，是

確保山區的交通便利無阻，因此主事者沈葆楨一方面請調兵士開通道路，一方面則任命幹員進行宣撫工作。

沈葆楨的構想是以北、中、南三路部隊根據事先劃定的路線，開闢橫貫台灣東西岸的道路，開路所經之處若遇有「番」社便就地招撫，力促他們承諾接受教化，不再狙殺漢民；若有不服招撫或以武力抵抗者，則以武力展開討伐。這一計畫的目的，在於強迫「番」民漢化，希望在一定時間內將象徵著原始與野蠻的「生番地界」完全

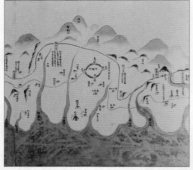
▲ 此為清廷派專人查繪的台灣地圖（局部），圖中的紅線與藍線，是朝廷用來區隔漢人與原住民的界線。

消泯。

「開山撫番」計畫雖然對於台灣山區的開發具有積極的意義，但這個計畫也潛藏著危機。早期，清廷之所以要保留漢「番」分界，主要是希望將兩者隔離，以減低漢「番」衝突、維持暫時的和平。如今沈葆楨要以國家的力量來打破這種不同民族與不同文明的對峙，對台灣「番」民來說，不僅是一種軍事侵略、文化侵略，更將直接威脅到他們的生存權利，勢必引起他們的對抗。在這種情況下，清廷若要貫徹「開山撫番」政策，可以預見的是，軍隊與「番」民之間的戰爭殺戮將會是不可避免的事。

▲ 原住民面對漢人勢力入侵時，選擇拿起武器自保，然而卻引來更大的殺戮。

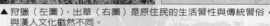
▲ 狩獵（左圖）、出草（右圖）是原住民的生活習性與傳統習俗，與漢人文化截然不同。

1820
● 出生於福建侯官。

1839
● 中福建鄉試舉人。
● 與林則徐之女成婚。

1847
● 中二甲進士，改庶吉士，入庶常館肄業。

1850
● 庶吉士教習期滿，授職翰林院編修。

1851
● 調昇武英殿纂修。

1854
● 補授江南道監察御史。

1856
● 2月，補授江西九江府知府，九江被太平軍攻陷後，署理廣信府，負責防衛浙江、江西二省間的水路通衢。

1857
● 昇任江西廣饒九南兵備道，充分調度軍需糧餉，讓前線征戰的後勤補給不虞匱乏。

1861
● 1月，復起任官，接任江西巡撫，用江西財賦建立江西防軍，圖謀江西軍事的自立自強。

1866
● 10月，接替左宗棠出任福州船政局總理大臣，任內建成大小輪船15艘，並培養一批船政人才。

1874
● 5月，日本藉口牡丹社人殺害琉球難民，乘機出兵台灣。
● 接任欽差大臣，前往台灣巡視及辦理海防事務，以加強軍備為後盾的交涉態度，讓日軍知難而退。
● 9月，開始推動開山撫番政策。
● 10月，調整全台行政機構的建置，設置恆春縣城，籌建安平大砲台（億載金城），防範敵艦由海上砲轟台南府城，積極展開綏靖善後的工作。

1875
● 2月，因台灣南部獅頭社人大舉作亂，再度來台辦理征剿及善後事宜。
● 10月，接任兩江總督兼南洋通商事務大臣。

1876
● 2月，一手籌建的億載金城完工。

1879
● 11月，病卒，得年60歲。

【延伸閱讀】
⇨ 蘇同炳，〈沈葆楨傳〉，《台灣先賢先烈專輯》，1995，台灣省文獻委員會。
⇨ 林崇墉，《沈葆楨與福州船政》，1987，聯經出版社。
⇨ 龐百騰（Pong.David）著、陳俱譯，《沈葆楨評傳：中國近代化的嘗試》，2000，上海古籍出版社。

火車快快追
台灣奇蹟要起飛

清代首任台灣巡撫劉銘傳所興建的鐵路，當地人把它稱做什麼 **?**

1 會吐火的妖馬

2 會吃人的大蟲

3 會冒煙的大箱子

4 有煤灰味的黑香腸

1 A 會吐火的妖馬

1893 年劉銘傳任內所規畫的全台第一段鐵路（基隆到新竹段），全線通車。
這也是全大清國第一條正式營運的鐵路。劉銘傳原先是想完成一條從基隆到台南的鐵路，
以便自由調動南北各路的防兵，使台灣成為具有防衛能力的獨立行省。1887年他首先在台北
設立鐵路局，並從中國大陸運來了被廢置不用的鐵道，當作興建台灣鐵路的材料。
興建鐵路的消息在當時引起極大的騷動，從來沒見過火車的台灣人，甚至還以「妖馬」來看待
這項先進的交通工具。加上鐵道鋪設時必須開山闢路，這對一向迷信的漢人來說，
更認為是破壞風水地理的災禍而不願接受。在社會輿論的極力反彈之下，加上財力不足，
劉銘傳花了4年時間才完成基隆到台北段，不過他也於同年去職。
邵友濂繼任台灣巡撫後，因財政及施工的問題依舊，因此邵友濂決定不再繼續往南擴建。

推動近代化的
首任台灣巡撫──
劉銘傳

1836~1896

劉銘傳，被譽為推動台灣近代化建設的先驅。以鎮壓太平軍而崛起的他，其實是位農家子弟，但不甘心務農終老，因而立下宏願，要在有生之年成就一番功業，晉官封爵，死後也要享有追諡尊號的殊榮。

劉銘傳肖像。

他年幼時僅讀過幾年私塾，但因天資聰穎，廣博地涉獵醫學、陰陽五術和兵書。這類學問對參加科舉並無助益，但鑽研兵學的興趣卻對於他後來成為名將、開創偉業，有著重要的奠基作用。

1854年，太平天國戰事蔓延至江淮一帶，劉銘傳自備糧餉，帶領鄉勇，跟隨官軍剿平太平軍，因而獲授千總職務。1862年，江蘇巡撫李鴻章受命招募淮勇，他為響應號召也招募了一批兵勇，稱「銘字營」。這支軍隊隨後被調往上海，接受洋槍訓練，擴編為「銘軍」。他在上海親眼領教到西方槍砲的厲害，深深感到中國的落伍，認為非急起直追，否則不足以求生存，所以他竭力吸收西方知識。這段時間的經歷，對他日後在台灣推行的新政，有極大的影響。

1884年，中法戰爭波及台灣，法軍有進犯台灣的企圖，他奉命以福建巡撫的職銜督辦台灣軍務。1884年他抵達台灣，在基隆擊退法軍。同年法軍再度進犯基隆，劉銘傳自基隆退守，全力固守台北，在淡水重創法軍，終於確保了台灣的安全。

戰爭結束後，清廷體認到台灣實為中國大陸東南各省海防前線，為了避免列強再度封鎖台灣，應當獨立設省，重整台灣的邊防，於是任命劉銘傳為首任福建台灣巡撫（通稱「台灣巡撫」）。劉銘傳上任以後，針對當時的需要，整編軍隊、舉辦清賦、擴大撫「番」開墾、刷新「番」政，推行一系列新政。

劉銘傳主政期間，台灣的財政主要是依靠福建省和沿海各海關每年所贊助的百萬兩經費，其中多數經費是基於對劉銘傳個人的支持而挹注的。所以在台灣建設漸

劉銘傳（後方坐者）親自到鐵路興建工地監工。

上軌道後，卻逢支持他的醇親王亡故，劉銘傳在施政上便經常受到掣肘，中央的朝官屢屢批評他作風過於激烈。他自知事不可爲，遂一再上疏託病求去。1891年，他因基隆煤礦弊案風波被免職，數年後甲午戰爭爆發，清廷想再度起用他辦理海防，但被他婉辭。

劉銘傳不但在保衛台灣上有卓越的功勳，更在台灣巡撫任內勉力建設台灣，奠定了近代化的部分基礎。這位被喻爲台灣近代化改革先驅的首任巡撫，最後病死家鄉，朝廷追贈他太子少保銜，諡號壯肅。

台灣

發行人：王阿舍　發行所：遠流舊聞社

舊聞提要

1. 台北貢生洪騰雲捐建的「急公好義」坊於1888年落成。
2. 黃南球1889年與北埔姜家合組「廣泰成」墾

▲ 台北與基隆之間的獅球嶺隧道上方，有劉銘傳的題字「曠宇天開」。

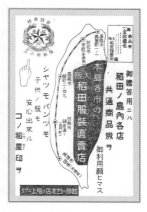

號，開發北台內山地區。

3.大稻埕富商李春生於1890年出任蠶桑局局長。

4.邵友濂接替劉銘傳，擔任第2任台灣巡撫。

讀報天氣：陰有雨
被遺忘指數：●●●

劉銘傳失意卸下官職
台灣的自強新政功敗垂成

【本報訊】1891年4月劉銘傳因基隆煤礦弊案，卸下台灣巡撫一職。

回想劉銘傳就任台灣巡撫之初，即上書清廷，提出台灣建省的16款建言，高舉開發建設的大旗，充分展現政治與社會改造的雄心壯志。有心做事的人不敵朝官的謗言，落得如此下場，真是令人感慨。

綜觀劉銘傳的治台政策，大致可以分成幾個部分，包括：財政改革、交通建設、理「番」撫墾、人才培育，以及市容更新等。在財政改革上，他全面清查隱田、釐清大小租戶的權利關係，進而設定一個比較公平的課稅原則；在交通建設方面，他主要的施政是在修築鐵道、造橋鋪路、引進電報與郵政等；在理「番」撫墾上，他一方面更張既有原住民政策、開闢通山道路、加強「番」民教育，另一方面則設撫墾局和樟腦局，與民

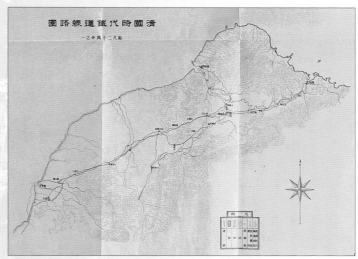

▲台灣巡撫劉銘傳所規畫的鐵路路線圖，北自基隆，南到新竹。

▲ 位於大稻埕的火車「停車場」。

廷鬥爭等等因素。這些逐步在侵蝕大清帝國的「政治病」，不僅牽動了台灣巡撫的異動，也造成台灣的建設無法繼續。人去政息，是必然的道理。據可靠消息指出，後繼者可能會以財源無著的理由，接連腰斬劉銘傳的新政。屆時劉銘傳的自強新政必將成為曇花一現的過往。

間合作開發山地資源；在人才培訓上，他籌設西學堂、電報學堂以訓練專門人才；在市容更新上，他致力將台北府城建設成一個模範的商業城市；短短幾年之間，台北城即擁有電燈照明、自來水供應、醫院設施等公共建設。

從1885到1891年間，台灣在劉銘傳的整頓後，迅速成為大清帝國統治範圍內最進步的一省，然而劉銘傳本人卻在清廷中樞引起不同的評價。部分不滿劉銘傳獨斷專行的吏部廷臣聯手參奏，指責他專擅處理招商業務、動輒議立章程、擅自開辦等罪名，他們要求光緒皇帝依照「違制律私」罪，將劉銘傳「革職」。

來自於中央廷臣的聯手參奏糾彈，再加上導因於新舊觀念摩擦所激起的民變衝突（例如施九緞事件），都讓劉銘傳無力承擔，雖然有同鄉李鴻章的鼎力奧援，但終究無法改變他下台的命運。

其實細究起來，在劉銘傳下台的背後，還隱藏了湘軍與淮軍兩派官員的對立，與宮

▲ 火車鐵軌就鋪設在民宅之間。

▲ 擎電號機關車外觀。

▲「辦理台灣商務總局」的關防。

▲「辦理台灣水路電報總局」的關防。

劉銘傳年表
1836~1896

1836
- 字省三，出生於安徽合肥劉家俬（蟠龍墩）。

1862
- 受江蘇巡撫李鴻章招募淮勇的延攬，率部眾隨「淮軍」至上海圍剿太平軍。屢戰皆捷，深受李鴻章器重，進一步受命整編成立「銘軍」。招撫太平軍降眾後，一路由都司拔昇為副將。

1864
- 12月，原本駐防在廣德、建平一帶，追剿太平軍殘部的銘軍，因曾國藩督兵剿平捻亂的緣故，被調往安徽六安、霍山一帶協助平亂。然而受到沿途雨雪阻滯，輜重運輸不便，延誤時機，被褫奪直隸提督的職位。

1865
- 率軍克復湖北黃陂縣城，屢敗捻匪後回復直隸提督名銜。

1868
- 8月，捻亂平定後，曾國藩、李鴻章薦舉劉銘傳防剿的功績，晉昇一等男爵。
- 以頭風養病為由，辭官返鄉。

1871
- 接受李鴻章的延攬，協助鎮壓陝甘回民叛變，順利收復陝北，平亂之後受到朝廷大臣的參奏，再次遭到革職處分。

1880
- 因俄國侵擾新疆的伊犁事件，再次奉詔出馬領導銘軍。
- 12月時，上呈〈籌造鐵路以求自強〉摺，因廷臣的反對，受到下放冷落的處置，回鄉養病。

1884
- 7月，在中法越南戰爭期間，帶著「巡撫銜督辦台灣事務前直隸提督」關防，率領百餘位軍官，避開巡邏海上的法國軍艦，抵達台灣。

1885
- 奉命接管法軍占領的澎湖。
- 10月29日，補授台灣巡撫，仍駐紮台灣，督辦防務。

1886
- 奏請設置台灣撫墾大臣，由巡撫兼任，以台灣籍人士林維源為幫辦，進行撫番及山地開發，並設置撫墾總局於大料崁（今桃園大溪），總理全台撫墾事宜。
- 5月21日，奏請清賦，委派程起鶚、雷其達，在台灣府（台南）及台北府開設清賦總局，展開清丈田畝作業，重新議定賦稅額度，增加財政收入。

1887
- 成立西學堂，敦聘英國人布茂林為教習，教授西洋語言文字以及圖算測量等工程技術，另聘有兩位漢教習，教授中國經籍文獻，是台灣西式教育的肇端。

1888
- 為了培養台灣的電信技術人材，在大稻埕設立「電報學堂」專攻電報技術，這是台灣正式設學培養專業人材的濫觴。

1890
- 6月，在台灣所推行的政策，開始遭到來自朝廷的掣肘。
- 深感形勢不可為，又逢舊疾纏身，開始告病乞歸，其職位由布政使沈應奎暫為代理。
- 10月5日，因基隆煤礦辦議立章程，不合正式程序，受到戶部與總理衙門彈劾，遭革職留任的處分。

1891
- 由台北大稻埕到基隆的鐵路，歷時4年完工通車。
- 4月，獲准辭去台灣巡撫及幫辦海軍事務之職，告老還鄉。

1896
- 11月27日，在故里逝世，享年60歲。清廷追贈太子太保銜，諡號壯肅。

【 延伸閱讀 】
- ⇨ 王傳燾，《劉銘傳：台灣現代化的推動者》，1990，幼獅文化公司。
- ⇨ 許雪姬，《滿大人最後的二十年》，1993，自立晚報。
- ⇨ 台灣鐵路管理局編，《劉銘傳與台灣鐵路》，1998，台灣鐵路管理局。
- ⇨ 俞怡萍，《清末台灣洋務政策下的建築活動（1863～1895）》，2002，中原大學建築研究所碩士論文。

Q U E S T I O N

Q U E S T I O N

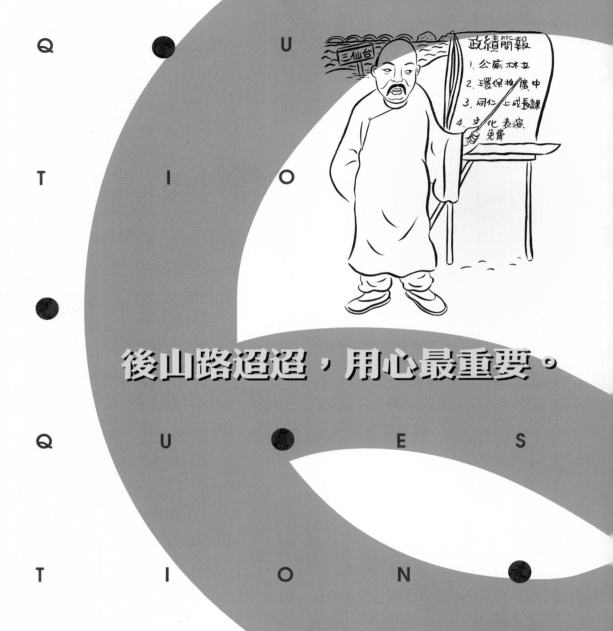

後山路迢迢，用心最重要。

Q 清末來台的官員胡傳決定完成下列哪一件不可能的任務 **?**

1 抓鬼——
將鴉片鬼一網打盡

2 掃黃——
將菜店查某趕出台灣

3 一清——
把亂黨全部移送大陸

4 除霸——
把路邊攤販集中管理

1ᴬ 抓鬼——
將鴉片鬼
一網打盡

1892 年3月，補用知府胡傳奉台灣巡撫邵友濂命令抵達台灣，任職全台營務處總巡。
當他遍閱全台營伍便痛心地發現，軍中官兵將大半積蓄、糧餉耗費在購買鴉片煙土上，
這種軍隊根本無法抵禦外侮。造成這種煙毒肆虐的原因，除了鴉片煙商的大力推銷外，
台灣流傳著「鴉片可治瘴癘之毒」的謠言，讓禁煙的成效不彰。胡傳在震驚之餘，立即謀求對策，
對中毒尚淺的士兵發放戒煙丸，急圖補救；對於入癮太深、戒除不易的兵士則全數汰撤。
可惜，軍中吸食鴉片的積弊已久，禁煙的成效很難立竿見影。
胡傳無奈之餘，只得上書台灣巡撫，痛陳煙毒肆虐之害，然而他只得到上級的虛應故事。
後來胡傳改調他職，軍中戒煙之事也不再積極進行。

清代台東最後一任地方長官——
胡傳
1841~1895

　　胡傳是清末奉派來台治理後山（台灣東部）的地方官，而五四運動中著名的學者胡適，則是他的兒子。

　　胡傳的一生中遊歷過11個行省，做過國界會勘、編查戶口、開墾邊荒、治理黃河、稅務督察等工作。他還曾遠遊東北，深入邊區考察，因此比其他清廷官員都更先注意到俄國侵略邊境的問題。來到台灣後，又花了6個月的時間走遍全島，並深入當時交通不便的後山以及離島澎湖等地，並將沿途所見做了詳細的筆記，彌補了之前史書關於台灣東部地理資料的不足。

　　胡傳除了是一位親歷邊地的地理學者外，出身安徽商人家庭的背景，也使他養成精確的數字觀念，以及精打細算、講求實效的習慣。他所經手之公務（例如鹽務、治河等事務），無不帳目清楚、分毫不差，可說是一位擅長管理數字的經理人

才。他也有徽商特有「徽駱駝」（堅忍不拔）的精神，個性相當強悍，不畏艱難、不因循苟且，又精明幹練。

　　胡傳渡海來台時已經52歲了。之前他曾因治河有功，獲候補直隸州知州之身分，爾後又取得補用知府的身分，但一直未能得到正式的任命。沒想到最後竟會被發往台灣，儘管如此，他仍毅然踏上台灣履任新職。在台期間，他先後接任「全台營務處總巡」、「提調台南鹽務處總局」等職，負責巡閱各地軍情、辦理鹽務，興利

47歲的胡傳。

除弊之餘，對於鹽民的生計也十分關心。

他一直期盼能有獨當一面的機會，來施展心中的抱負。1893年，台灣巡撫邵友濂任命他代理「台東直隸州知州」一職；這個願望終於實現了。在台東期間，他的大半心力多投注在軍事方面，除了掃除鴉片、整頓軍紀外，更積極建立營規，加強營兵的戰備操練。半年之後即因整頓有方，正式接任鎮海後軍營屯統領之職。

正當胡傳的整頓已見成效，可大大施展雄圖之際，黃海戰爭失利的消息傳來，日人侵台野心已成事實。日軍步步逼進，清朝官員、軍隊已陸續撤走，台灣北部、西部局勢大亂，陷入無政府狀態。此時，各處通訊中斷，身在後山的胡傳，消息不靈通，雖然餉源已絕，仍決定照常防守。隨著台灣的淪陷，胡傳在後山的事業、理想亦隨之而去。1895年6月他終於離台回到廈門，數日後即逝世於廈門三仙館。

胡傳在台東期間，全心投注於整頓防務、勸農墾荒的政務上，在他的日記和稟啓等記述裡，都可以看到這兩年來他在台東所做的努力。

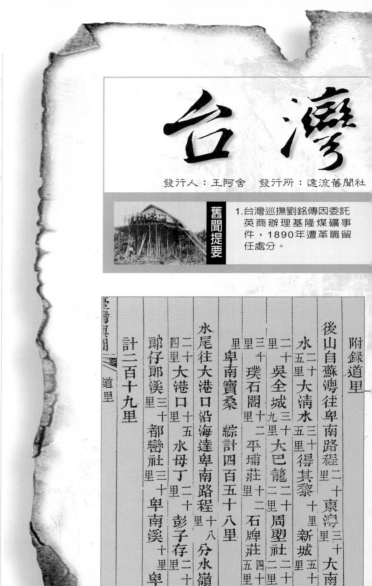

台灣

發行人：王阿舍　發行所：遠流舊聞社

舊聞提要

1.台灣巡撫劉銘傳因委託英商辦理基隆煤礦事件，1890年遭革職留任處分。

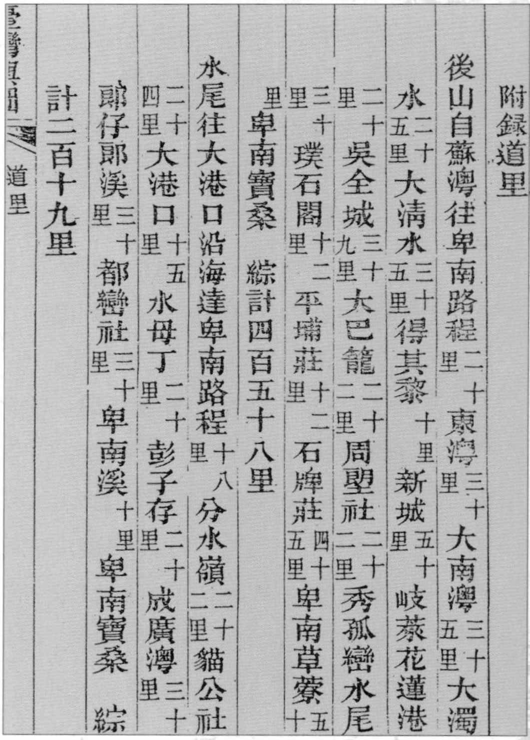

附錄道里

後山自蘇澳往卑南路程二十里東澳三十里大南澳三十五里大濁水二十五里大清水三十五里得其黎十里新城五十里岐萊花蓮港二十里吳全城三十九里大巴龍二十二里周塱社二十二里秀孤巒水尾三十里璞石閣十二里平埔莊十二里石牌莊四十五里卑南草寮十五里卑南寶桑　綜計四百五十八里

水尾往大港口沿海達卑南路程十八里分水嶺二十二里貓公社二十四里大港口十五里水母丁二十里彭子存二十里成廣澳三十里那仔那溪三十里都巒社三十里卑南溪十里卑南寶桑　綜計二百十九里

臺灣輿圖　道里

▲《台灣輿圖》的〈道里〉篇中記載了台東直隸州境內各重要聚落之間的里程數。

2. 曾擔任台灣布政使的邵友濂1891年接任第2任台灣巡撫。
3. 劉銘傳時期開始興建的鐵路工程，其中的台北至新竹段於1893年通車。
4. 胡傳於1893年代理台東直隸州知州。

讀報天氣：晴
被遺忘指數：●

後山吏治混亂，惡名遠播
胡傳新官上任，期許再造新台東

【本報訊】在台灣巡撫邵友濂的任命下，胡傳於1893年7月13日正式接印代理台東直隸州知州之職。一到任，他立刻前往各地巡視，沒想到卻突然接到猴子山原住民頭目獻上的貢物，匆促間胡傳先以酒、布慰勞，隨行的通事告訴他，各社均將陸續來賀。原住民的朝賀讓毅然踏入後山履任的胡傳體認到，此刻所要治理的不是一個單純的漢民鄉里，而是一個由原住民與漢人移民組成的複雜社會。

台東直隸州的前身是「卑南廳」，1887年才改制為州，轄區包括了後山的台東與花蓮地區。台東直隸州位在中央山脈以東，交通相當不方便，因此人稱「後山」。胡傳接任知州時，台東建州也只有5年8個月的歷史。由於此處地方偏僻，治安不佳，一般都不希望被分發到這裡任職，而在位的地方

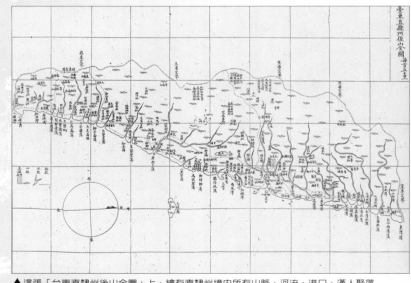

▲ 這張「台東直隸州後山全圖」上，繪有直隸州境內所有山脈、河流、港口、漢人聚落與原住民部落的分布位置。

官則是千方百計想早日調離此地，所以在短短幾年內，就換了8位知州，有的只待了4個月便走了，有的只是臨時代理，有的甚至是掛名而已。

自光緒朝以來，大清國吏治敗壞。官場上都知道：各省吏治之壞，以福建為最，而福建吏治之壞，以台灣為最。奉派來台的官員，大多存「5日京兆」之心態，期能早日任期屆滿調回中國大陸。後山更因地方偏遠，上級監督不易，造成官員遷就敷衍的心態，自設治以來地方上一直沒有積極的建設，反倒是煙賭斥充、通事玩法、吏役擾民。然而這種種積弊，地方官卻置若罔聞。

胡傳身為代理知州，是後山最高行政首長，綜理一州之事，包括民政、財政、司法，並兼理原住民事務。而且他同時身兼各防營統領一職，握有軍權。在事權歸一之下，他可以放手進行改革。

台東直隸州原住民與漢人的人口比例約為10比1，漢人與原住民之間經常因為漢人侵犯原住民生活空間而產生衝突，因此地方官唯有以軍方為後盾，始能維持社會秩序、有效推動政令。也就是說，後山情勢是否安定，關鍵在於防營（軍隊）而不在州署（地方政府）。但地方駐軍本身軍紀廢弛、不少兵員沉溺於鴉片，地方官實在難以有所作為。

在此情形下，胡傳上任後便將整頓軍紀列為首要事務，期望日後能以營屯武力為後盾，來推動行政改革。

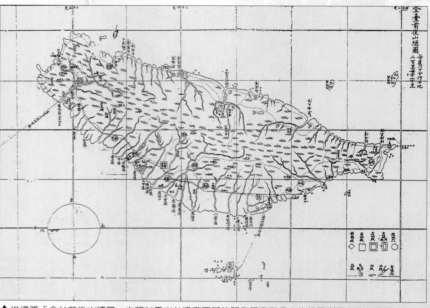
▲ 從這張「全台前後山總圖」中可以看出台灣東西部的開發程度有很大的差異。圖中的台灣呈東西走向，下半部是西部地區，大約有十數個府治、縣治，東部只有宜蘭縣與台東直隸州。

◎台東原住民文化面面觀

原住民與漢人的生活方式與社會文化有著相當大的差距。

▲ 卑南社的猴祭。

▲ 卑南社的少年集會所。

▲ 卑南社男女的服飾。

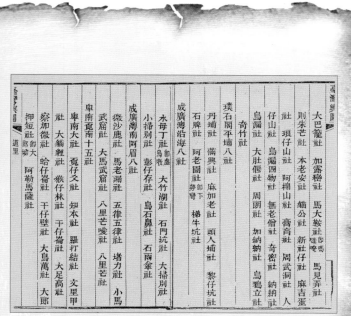

▲《台灣輿圖》的〈道里〉篇中記載了台東直隸州境內的原住民部落名稱。

胡傳年表
1841~1895

1841
● 出生於安徽省績溪縣。字鐵花，又字守三，號鈍夫。

1856
● 8月，隨父親運茶，順新安江而東，經杭州出黃埔江，抵達上海經營販茶業。

1867
● 7月，應龍門書院甄試，受業於劉熙載門下，研習程朱理學。

1878
● 5月，應知縣之邀，整頓東山書院，清查書院田租，改善書院拮据的財務狀況。

1879
● 8月，第5度前往金陵參加鄉試，依然落榜，此後即不再應考。

1882
● 9月，經由東北邊防大臣吳大澂保薦，獲得清廷任命爲吉林補用，前往三岔口辦理墾務。

1887
● 受兩廣巡撫吳大澂的委派，前去海南島踏勘。

1888
● 8月，協助黃河整治工作，因治河有功獲得直隸州知州候選任官的資格。

1892
● 2月，調往台灣，接任「全台營務處總巡」，開始跋山涉水、巡視全島營伍的工作。
● 9月，交卸「全台營務處總巡」的職務，接任「提調台南鹽務處總局」的新職。

1893
● 6月17日，接任「代理台東直隸州知州」，兼任「統領鎮海後軍營屯」，成爲台東州行政與軍事的最高長官。

1894
● 3月，編修的《台東州採訪志》脫稿成書。
● 8月，補授「台東州知州」，恩賞三品官銜。

1895
● 8月15日馬關條約割讓台灣給日本，清廷命各級文武官員迅速內渡。
● 由台南安平搭輪船離開台灣，結束3年半的宦遊生涯。
● 8月22日病逝廈門三仙館，得年55歲。

【延伸閱讀】
⇨ 胡傳，《台灣日記與稟啓》，1950，台灣銀行經濟研究室。
⇨ 胡傳，《台東州采訪冊》，1960，台灣銀行經濟研究室。
⇨ 胡傳，《州官胡傳台東日記》，1961，台東縣文獻委員會。
⇨ 黃學堂，〈胡傳傳〉，《台灣先賢先烈專輯》，1997，台灣省文獻委員會。

樂透開獎

時機選手對，
　　小卒也會變英雄。

Q 曾做過土匪的劉永福，為什麼後來被拱為
台灣民主國的總統 **?**

1 因為前任總統跑啦！

2 因為他是飛虎將軍
而日本人最怕老虎

3 算命大師說他最有
帝王之相

4 英法列強為保住
商業利益，全力挺他

1 A

因為前任
總統跑啦！

劉永福幼年家境貧困，曾淪為盜匪，後來他所率領的黑旗軍（以黑色七星旗為軍旗），二度協助越南打敗法軍，就此打響黑旗軍的名號。

1895年台灣割讓給日本之際，台灣成立了民主國。但隨著唐景崧、丘逢甲等民主國領導人相繼逃回中國大陸後，群眾轉而拱劉永福為新任民主國總統。

此時日本政府所派的台灣總督樺山資紀曾發給劉永福一封條件優渥的勸降書。

然而劉永福相信可以藉著西方列強的干涉，來挽回台灣的命運，而回絕了日軍的勸降。

劉永福「義不降倭」的名聲不久就流傳開來，當時在坊間流傳的新聞畫報中，出現了
「劉大將軍擒獲倭督樺山斬首全圖」、「東洋求和」等描寫樺山被劉永福斬首和
日相前來劉軍門面前叩降的圖像。雖然這些畫作只是一種激勵民心的宣傳，
不過這些內容卻真切地傳達當時人們對「抗法名將」的殷切期望。

台灣民主國的
最後首領——
劉永福
1837~1917

劉永福本名建業，鄉里間多稱他為劉二或劉義。他幼時父母雙亡，赤貧困苦到了極點。

21歲時，他落草為寇，成為騷擾廣西一帶的盜匪。1869（清同治8）年以後，廣西的盜匪為了逃避清廷官兵的追捕，退入越南境內。劉永福一開始也帶著手下進入越南，但不久便降附越南阮朝政府，成為協助越南抵禦廣西盜匪的前鋒，並正式建立「黑旗軍」勢力。

劉永福體型削瘦，貌似獐猿。

表面上，劉永福服從阮朝的羈縻，協助討滅竄入越南的盜匪，但實際上劉永福於1868年攻占位於紅河上游、滇越邊境的保勝舖後，不僅掌握了軍事要地，更控制了雲南通商的門戶。劉永福就透過收取商稅，來資助黑旗軍的軍餉，同時積極擴張自己的勢力。

在劉永福十餘年的經營下，滇越邊界一帶幾乎成了一個獨立王國，該處的居民只知有劉永福，卻不知有越南王；而劉永福所盤據的地點，正

圖為台灣割讓給日本之際流傳於坊間的新聞畫報。雖然內容與事實相反，卻也凸顯出劉永福在當時所扮演的重要角色。

好扼住了要道，阻攔法國企圖沿著紅河通商雲南的計畫，黑旗軍也因此成了法國的眼中釘。在因緣際會下，劉永福所率領的黑旗軍，也曾分別代表不同國家與法軍應戰。雙方對戰經驗豐富，劉永福也因而成為著名的抗法英雄。

劉永福自從率眾進入越南後，因幫助越南平定匪亂有功，被越王授以官職，並於此後數年間在越南數次擊敗法軍。1884年中法戰爭開打後，清廷委請他襲擊侵略越南的法軍，之後因功被授以提督之銜。戰爭結束後，他奉詔歸國，兩年後出任南澳鎮總兵。

1894年甲午戰爭期間，劉永福奉命帶兵來台協助軍務。台灣民主國成立時，他駐紮在台南府城。當民主國總統唐景崧逃離台北後，他在台南以「台灣民主國」的名號，殷切地期待外援的到來。然而，面對大量潰逃的兵勇和軍資、糧餉籌措無著的窘境，劉永福顯得一籌莫展，對於中、北部的抗日，他也只是袖手旁觀，並未前去支援。最後當日軍逼近台南府城，劉永福眼見大勢已去，在日軍攻入台南城之前，便從安平登上商船逃回中國大陸。

割台後兩年，劉永福在中國大陸捲土重來，組成黑旗軍4營，駐防廣州，鎮壓匪亂和械鬥。辛亥革命以後，民國成立，他出任廣東全省民團總長，不久辭職回鄉，卒於1917年。

發行人：王阿舍　發行所：遠流舊聞社

舊聞提要
1. 日人於6月在台灣設立第1所國語傳習所。
2. 因遭受台灣人頑強抵抗，台灣總督府自8月6

▲台灣民主國總統唐景崧。

歷史報

1895年10月25日 穿越時空　獨漏舊聞

日起開始實施軍政。

3.抗日領袖吳湯興、吳彭年8月28日和日軍相戰於彰化八卦山，最後不幸戰死。

4.台灣民主國領導人劉永福在10月19日潛回大陸。

讀報天氣：晴偶雨
被遺忘指數：●

「台民佈告」拒日保台
總統逃亡，民主國曇花一現

【本報訊】繫台灣人民最後一線希望的台灣民主國，隨著黑旗軍統領劉永福連夜離台，而宣告瓦解。台灣人民的未來，即將陷入未知的黑暗中。

今年4月17日清廷代表李鴻章與日本代表伊藤博文簽訂「馬關條約」之後，在台官吏與台灣住民陷入了恐慌與不滿。台灣紳民在爭取朝廷大吏重視及謀求列強干涉的期望落空後，隨即在5月15日發佈「台民佈告」，宣示拒日保台的決心。

5月20日，光緒皇帝下令台灣巡撫唐景崧隨即「開缺來京」，台灣各地的文武官員也必須在近日內返回中國大陸。3日後，「台灣民主國自主宣言」正式宣告周知，並推戴唐景崧為總統。民主國領導人選底定後，督辦政事、軍務與外交事務的3個衙門和議院機構也匆促成立，雖然曾短暫地引起國際間的注意，但並未發揮實質的防務作用，也沒有與外國交涉的實質績效。不久，隨著

▲ 台灣割讓給日本已成定局後，全台陷入震驚與恐慌。這篇刊登在《申報》、《滬報》、《新聞報》等報紙的「台民抗議清廷割台書」，正反映了台人激憤的情緒。

日軍登陸澳底、攻陷基隆，唐景崧也棄職內渡廈門，民主國名存實亡，陷入無政府狀態。民主國瓦解後，抗日中心移轉至台南。台南紳民公推劉永福繼任總統，然而劉永福卻堅辭職務，只同意繼續領導抗日。

▲ 丘逢甲，倡議台灣自主的地方士紳之一。乙未割台之際，他擔任義軍首領，防守新竹、台中一帶。

▲ 日軍進入台北城時，劉永福為了安撫人心所貼出的告示。

▲ 台灣民主國的國璽。

民主國從北部轉移到南部，雖得以繼續存在，但是糧餉武器的匱乏，卻是不得不面對的問題。因此，民主國的首要課題，便是籌募資金，籌款方向主要有二，一是從島內籌措，一是向中國大陸募集。前者靠的是在台收稅與向紳商募款，或藉由過渡政權之臨時海關的維持，繼續從對外貿易中獲利；後者即由劉永福出面向兩江總督張之洞要求援助。很可惜，集結募款所得與貿易收入，不但緩不濟急而且效果不彰；至於向張之洞求援，則遭到他的斷然拒絕。在經濟困難的情況下，台南民主國開始推展兩項新政，一是成立郵政制度，一是成立官銀票局，冀望藉由這兩項新政的推行，來紓解緊迫的財政狀況。

在劉永福的努力之下，民主國雖然餉械皆困乏，卻能維持相當的法治與秩序。不過從8月下旬開始，日軍南下的壓力愈來愈逼近，最後劉永福終於決定放棄固守台灣的初衷，因此當8月底日軍進攻台灣中部之時，他並未及時派軍援助，而到了9月，台南府已陷入危境之中，府庫全空，餉械已盡，仍不見劉永福有準備迎戰敵人的跡象。

▲ 劉永福在台南發行的官銀票。

不過劉永福還繼續留在台灣一直到10月，希望求得一善後之策。在先後與張之洞、日軍軍方協商都沒有結果後，他選擇了趁夜離台；台南的台灣民主國政權終告結束。

▲ 台灣民主國的郵票。

▲ 台灣民主國的藍地黃虎旗。

【延伸閱讀】
⇨ 吳密察，《台灣近代史研究》，1990，稻鄉出版社。
⇨ 鄭天凱，《攻台圖錄：台灣史上最大的一場戰爭》，1995，遠流出版公司。

從地上到地下，
　沒有我總督就回不了家。

Q 民政長官後藤新平為什麼被稱作地下台灣總督**？**

1 他開了一家地下電台

2 台灣總督常常不在家

3 他的辦公室就在
台灣總督樓下

4 台灣總督對他言必稱是

A
台灣總督
常常不在家

1898 年起兒玉源太郎接任第4屆台灣總督,同時也在日本中央政府身兼數職,
直到被任命為參謀總長後才卸下台灣總督之職。雖然兒玉擔任總督的任期很長,
但扣除他在日本內地及率軍出征的時間外,他在台灣的時間其實很短,
所以統治台灣的職務就只能倚靠民政局長(後改稱民政長官)後藤新平。
有了兒玉總督在中央政府的聲望作為後盾,後藤遂大刀闊斧地實施多項建設,
將台灣這塊殖民地經營得有聲有色。當兒玉總督從內相(內政部長)轉任參謀次長時,
有意推薦後藤繼任台灣總督,可是後藤堅持要由兒玉兼任台灣總督之職,
自己甘心置身於兒玉的麾下。

奠定日本殖民台灣基礎的民政長官——
後藤新平
1857~1929

後藤新平是日本殖民時代確立台灣經營基礎的知名人物。1898年3月，他前來台灣擔任民政局長一職，那時他42歲。往後的8年又8個月的任期中，大部分的時間都是在總督兒玉源太郎手下任職的。兒玉在任8年期間，將台灣的行政大權委任給後藤，讓他得以充分發揮其機敏精明的統治手腕。

後藤新平是日本岩手縣人，自幼立志學醫。從須賀川醫學校畢業後，他遠赴德國留學，返國後出任內務省衛生局長。甲午戰爭結束後，後藤擔任檢疫部的事務長官，對將近20萬復員的官兵進行檢疫工

台灣總督兒玉源太郎肖像。

民政長官後藤新平肖像。

作。此舉有效地遏止了傳染病蔓延回日本本土，因而得到上級長官兒玉源太郎的賞識。

1898年，日本陸軍首屈一指的才俊、深受當時藩閥政府倚賴的兒玉源太郎中將，就任第4任台灣總督（1898~1906）。他偕同民政局長後藤新平到任後，總督府在後藤的民政部主導之下，重新界定軍隊和警察的管轄範圍，並嚴格限制軍隊和憲兵的活動，使得一個經過整合的警察力量因而順利產生。而對於台灣人，後藤則採用鎮壓與安撫雙管齊下的政策。事實證明這個政策比以往的方法更能有效地壓制反對勢力，讓原本紛亂的社會治安得以恢復平靜。

根據殖民地統治的需要，後藤進一步提出教育、農業、工業、交通及衛生等政策，並一再強調調查和試驗的重要性。他延攬一流的學者，負責台灣法律和風土民情的調查，並實施空前徹底而詳細的土地調查和人口統計。這些研究調查的結果，除了可以作為解決台灣人紛爭的參考，也讓日本人得以重新瞭解清代保甲制度；日人將保甲這項基層社會動員機制，以戶口制度的

後藤新平開創了日本統治台灣的新紀元。

形式再生，並用作警察的輔助工具，成為日後殖民政府控制台灣社會的重要工具。

身為醫學博士的後藤新平，隨兒玉來台之前，是一位有著豐碩革新成果的衛生官員。他的企圖心充分表現在台灣的衛生政策上。在他任內，總督府廣設下水道和地區醫院，同時在各地建立檢疫站，進行瘧疾防治和滅鼠運動。配合西方新式醫學的引入，上述公共醫療制度成了控制與預防疾病的重要據點，讓台灣的死亡率急速下降，公共衛生也有顯著改善。

1906年後藤辭去台灣民政長官一職之後，曾轉任滿鐵（南滿洲鐵道株式會社）總裁，再回到日本內地擔任遞相（管轄郵政、電話、電信的部長）、鐵道院總裁、內相（內政部長）、外相（外交部長）、東京市長等職務。1929年以73歲之齡去世。

發行人：王阿舍　發行所：遠流舊聞社

舊聞提要

1. 總督府民政長官後藤新平1904年2月25日前往嘉義阿里山，並題詩紀念漢人通事吳鳳。

台灣財政由紅翻黑

【本報訊】根據總督府公佈的年度統計數字，原本赤字高掛的財政收入，今年有了重大進步，諸多基礎性的公共建設也得以順利地展開，包括鋪設鐵路、改建基隆港、興建宏偉的辦公廳舍等。在全世界的關注下，台灣總督兒玉源太郎和民政長官後藤新平正一步步將台灣變成一個產業發達、人民勤奮的模範殖民地。

1895年當日本接收台灣之時，罕有人對台灣的未來抱持希望。當時清廷官員倉促離台，台人反日情緒高漲，各地反抗軍迭起，民生亂象叢生。首任總督樺山資紀雖然在1895年底宣稱已把台灣全島平定了，但在各地仍陸續有武裝抗日運動出現。事實上，前3任總督幾乎是在四處鎮壓抗日游擊隊的日子中度過的。

直到第4任的兒玉總督與後藤民政局長就職後，情況才有所改變。他們瞭解到先前以武力鎮壓快速恢復社會秩序後，緊接著必

2.總督府於1904年5月20日發佈「大租權整理令」。
3.第1所蕃童教育所於1904年11月4日在嘉義阿里山達邦社成立。
4.總督府於1905年公佈年度統計數字，財政收入由虧轉盈。

讀報天氣：陰晴不定
被遺忘指數：●

臺灣專賣局　博覽會記念　泡盛

總督府財政獨立計畫大公開

▲ 新建的台南廳舍。

▲ 新建的台中廳舍。

▲ 日本人治台初期，以清廷的布政使司衙門作為總督府臨時辦公處。

▲ 日治時期的公共工程之一：基隆港外觀。

須以民政組織使社會運作重新上軌道，再進一步開發各項產業資源，並爭取台灣人的合作，方能將台灣改造成為日本帝國的一部分。

後藤考慮到台灣遠在日本國土之外，才能應付任何緊急狀況，所以他從1897年起便實行特別會計制度，先讓台灣總督府的財政預算分立於日本中央政府財政預算之外，再由中央政府每年挹注補助金，支應總督府施政上的實際需要。但是到了去年，台灣財政已能自給自足，不再需要中央政府的補助。

台灣的財政獨立究竟是如何達成的？關鍵在於台灣總督府將鴉片、樟腦、食鹽等設為專賣，藉此向台灣人徵收大量的間接稅，同時又開徵砂糖消費稅，以補平因獎勵製糖業而停徵製糖稅的財政收入；這些間接稅的收入幾乎占年度稅收的6成以上。

除了這些間接稅的挹注外，總督府在完成土地調查、收購大租權，確定徵稅的實體為小租戶後，地租也成了穩定的稅入來源。經由這次土地所有權的整理過程，地租收入增加到3倍之多。雖然總督府須事先付出不少大租權的收購費，可是相較之下，地租卻從此成為經常性的收入，更別提收購費其實早已轉嫁在地租之上了。

整體而言，兒玉與後藤的財政獨立計畫，除了確保經營台灣的財源不虞匱乏外，另一方面則整頓投資環境，讓日本政府與資本家得以安心來台投資，台灣於是成為日本本國發展經濟的踏板。

▲ 鴉片是總督府重要的專賣項目之一。此為菸膏儲存桶。

▲ 食鹽是總督府重要的專賣項目之一。此為食鹽收納場。

1857
- 6月出生於日本岩手縣水澤市。

1873
- 5月就讀福島第一洋學校。

1874
- 2月轉學至須賀川醫學校。

1881
- 10月接任愛知醫學校校長兼愛知醫院院長。

1892
- 11月接任內務省（內政部）衛生局長。

1893
- 11月衛生局長任內捲入一位望族的繼承問題（「相馬事件」），涉嫌犯法被收監入獄。

1894
- 被保釋出獄，得到平反獲判無罪。

1895
- 甲午戰爭末期被任命為臨時陸軍檢疫部事務長官，實施將近20萬官兵的檢疫工作，遏止了疫病在日本國內蔓延的危險。

1896
- 6月接任台灣總督府衛生顧問，隨同第2任台灣總督桂太郎訪台。

1898
- 3月接任台灣總督府民政局長，6月總督府官制改訂，改稱為民政長官。

1900
- 8月計畫利用八國聯軍攻北京的混亂，出兵占領廈門，擴張日本在華南的勢力，釀成「廈門事件」，最後受到列強的抗議，無功而返。

1906
- 4月佐久間左馬太接任台灣總督，要求後藤新平留任民政長官。
- 11月南滿洲鐵道株式會社成立，就任總裁。

1908
- 7月第2次桂太郎內閣成立，擔任遞信大臣（交通部長），兼鐵道院總裁。

1912
- 12月第3次桂太郎內閣成立，擔任遞信大臣（交通部長），兼鐵道院總裁、拓殖局總裁。

1916
- 10月寺內正毅內閣成立，擔任內務大臣（內政部長），兼鐵道院總裁。

1918
- 4月接任外務大臣（外交部長）。

1920
- 12月接任東京市長。

1923
- 9月第2次山本權兵衛內閣成立，擔任內務大臣（內政部長），關東大地震（發生於1922年）後兼帝都復興院總裁。

1929
- 4月以73歲之齡去世。

【延伸閱讀】

⇨ 黃昭堂著，《台灣總督府》，1989，自由時代出版社。

混亂密碼，靜待高手破解。

1 他是日籍美國人，用英文寫日記

2 他漢學底子深厚，用漢文寫日記

3 他有藝術家性格，用塗鴉代替文字

4 他模仿草書名家，寫的字很潦草

2A
他漢學底子深厚，用漢文寫日記

原名「梅之助」的田健治郎，5歲時在母親的教導下熟讀了不少漢文古籍。

7歲時在母親安排下，他進入同村醫師長澤貞觀的家塾中讀書習字；

10歲時，到條山藩儒者渡邊弗措的家塾寄宿。

兒時的啟蒙經歷，對田健治郎日後人格與智識的養成，有著決定性的影響。

日本進入明治維新後，知識分子多以追求西化為目標，但田健治郎恰好反其道而行。

他自幼即師承漢學，並且活躍於漢學圈，他續絃妻子的父親又是明治時期著名的漢學者、漢詩人。有此師承與姻家，田健治郎在總督任內，用漢文寫日記的行為，也就不足為奇了。

日治時期台灣首任文官總督——
田健治郎
1855~1930

日本殖民時期台灣第1任文官總督田健治郎，生於1855（日本安政2）年2月8日，是兵庫縣沒落豪族的次男，自幼苦學。自東京帝國大學畢業後，曾歷任神奈川

田健治郎肖像。

縣、埼玉縣警保部長、遞信省書記官等職務。1895年日本占領台灣之際，日本內閣設立台灣事務局，統籌各項統治台灣的規畫，事務局總裁由總理大臣兼任。當時擔任通信局長的田健治郎因擔任台灣事務局的交通部委員，而涉入台灣的統治事務。

1901年，田健治郎獲兵庫縣選為眾議員，同年便轉任遞信省的次官（次長），並以鐵路國有化的功績獲頒男爵的爵位，1916年更以遞信大臣身分進入以寺內正毅

為首的內閣。

1918年原敬組閣，一改過去以武官擔任台灣總督的規定，修改法規讓文官也可以擔任台灣總督，並於1919年底，起用田健治郎為首任文官總督。

田健治郎在總督任內（1919年10月29日～1923年9月5日），強調「一視同仁」的教化措施與「內地延長主義」政策，完成許多重要制度的變革，包括改革地方制度與地方官制；發佈新「台灣教育令」，實施台灣人和日本人共學的就學制度；修正後藤新平「台灣人不需要高等教育」的偏見，設立專門招收台灣人的高等專門學校，培訓專業的技術人才。為了推展「日台人融合政策」，他也開始承認日台婚姻的合法化，並受理認養的申請。至於「內地延長主義」政策，在法制層面的具體表現，就是在許可的範圍內落實司法及行政制度，以適用日本憲法及各種法令，並開始在台灣逐步施行日本內地民法與商法。

這些變革表現出文

田健治郎初上任時在總督府前留影。

官總督上台後，日本對台灣的殖民政策由剛轉柔的傾向。為了能夠順利推展「教化」活動，田健治郎分別從擴大政治參與、教育的擴充、身分的認可，以及法域的一元化，對殖民地人民的地位作了調整。

　　田健治郎不僅長期歷任政府要職，也曾數度投身企業界。他擁有頭腦清晰、思慮周密的特質，任事精勤、處事圓融的手腕，以及一流的政務處理能力和事務擘畫的長才，是一位經驗豐富、識見高明的政治家。

　　1923年田健治郎接受山本權兵衛的延攬，出任農商務大臣兼司法大臣，因而辭掉了台灣總督之職。1930年11月16日因腦溢血病歿，享年76歲。

田健治郎（紅色箭頭處）與台灣原住民在總督府前留影。

台　灣

發行人：王阿舍　發行所：遠流舊聞社

舊聞提要

1. 台灣1920年10月21日開始實施州、市、街庄制。
2. 連橫所撰之《台灣通史》於1920年11月12日出版其中的上、中兩冊。

▲ 台灣總督（右上）、台灣軍司令官（左上）、總務長官（下）可說是執掌台灣大權的三巨頭。

▲ 由台中聞人林獻堂（中戴帽蓄鬍者）發起的政治改革運動。

歷　史　報

1921年1月30日　穿越時空　獨漏舊聞

3. 台灣總督府於1920年12月17日發表國勢調查結果，台灣總人口為365萬4388人。
4. 由台中士紳林獻堂領導的「台灣議會設置請願運動」，1月30日開始首次的請願行動。

讀報天氣：晴時多雲偶陣雨
被遺忘指數：●

田總督的地方行政變革噓聲四起
有識之士群起積極爭取權益

【本報訊】1921年1月，台灣島上一群有識之士發起了政治改革運動，他們主張台灣有別於日本本土，應該設立獨立的議會，以符合台灣本地的特殊需求。

　　台灣首任文官總督田健治郎於去年初，開始進行地方制度與地方官制的變革。在田總督的系列計畫中，以前的廳被廢止，改設立州（州相當於日本的縣），州所包含不到的地域才設置廳；在都市地區設市，在鄉村地區設郡，郡以下設街、庄。除了郡以外過去由警察擔任的地方官吏，也全都換成文官來擔任。變革後的行政區劃，州頒訂州制（行政法規）、市頒訂市制、街庄則頒訂街庄制，各級行政單位轉變成具有法人資格的公共團體。同時，除了郡以外，各級行政區都設有「協議會」。

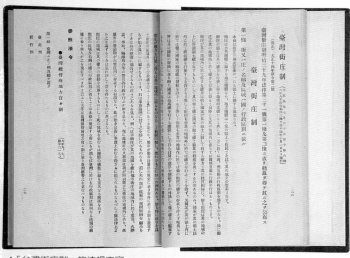

▲「台灣街庄制」的法規內容。

▲ 總督田健治郎頒佈新「台灣教育令」後,各地紛紛增設中學校、高等女學校、職業學校、7年制高等學校、醫學專門學校等。上圖左為台北第一高等女學校、圖中與圖右則是台北第一中學校的校園生活。

　　表面上,各個協議會的「協議員」都是民間人士,但其實他們都是官方遴選出來的,備做行政諮詢。換言之,各級協議會稱不上是真正的民意機關,州、市、街庄分別受上級機關強有力的監督,自主權和自治權均極為有限,仍深具中央集權的性格。

　　田健治郎在受命為台灣總督後,即昭示自己是「內地延長主義」政策的執行者,「教化台灣人成為純日本人」是他在台灣施政的主要原則。他認為「教化為同化台灣民眾的重要手段,必須配合時勢之進展和一般學識智能之進步,透過政治措施、社會關係及學校教育的全面翻新,從根本上促進日、台人之融合」。因此地方制度與地方官制的變革,成為他落實同化台灣人的首要目標。

　　對殖民統治者而言,地方制度的變革開啟了台灣統治的新紀元。然而,田健治郎之理念和主張,主要仍在於如何有效地貫徹殖民政策,並非為了配合台灣社會的需求。因

▲ 殖民統治者透過各種方式來尋求殖民地人民的認同。此為日本皇太子殿下與台灣少年(右)一同閱讀的情景。

此到最後,殖民政府的施政與殖民地社會的輿論,仍然存在著巨大的鴻溝。這樣的困境,究竟應該說是開明文官統治的侷限?還是被殖民者的悲哀呢?

1920年前後地方行政區劃一覽表

一九二〇年之前	花蓮港廳	台東廳	澎湖廳	阿猴廳	台南廳	嘉義廳	南投廳	台中廳	新竹廳	桃園廳	台北廳	宜蘭廳
一九二〇年之後	花蓮港廳	台東廳	高雄州		台南州		台中州		新竹州		台北州	

地方行政機關管轄區域一覽表
（以高雄州為例）

```
                        高雄州
 ┌────┬────┬────┬────┬────┬────┬────┐
恆春郡 東港郡 潮州郡 屏東郡 高雄郡 旗山郡 岡山郡 鳳山郡
```

恆春郡	東港郡	潮州郡	屏東郡	高雄郡	旗山郡	岡山郡	鳳山郡
轄恆春等3庄及山地10社	轄東港街、新園等4庄	轄潮州等6庄及山地57社	轄屏東街、長興等6庄及山地48村社	轄高雄街、仁武等4庄	轄旗山街、美濃等5庄及山地11村社	轄岡山等5庄	轄鳳山街、港子等5庄

田健治郎年表
1855~1930

1855
● 2月出生於日本兵庫縣，幼名梅之助。

1864
● 進入條山藩儒渡邊弗措的私塾學習漢學。

1871
● 過繼為太田太右衛門的養子。

1890
● 受後藤象二郎提拔，任遞信省書記官。

1893
● 任遞信省郵務局長、通信局長。

1895
● 6月被任命為台灣事務局委員。

1898
● 1月就任遞信次官兼遞信省鐵道局長。

1900
● 10月任遞信省總務長官。

1901
● 8月當選兵庫縣眾議院議員。

1906
● 1月被敕選為貴族院議員。

1907
● 9月因功勳被授與男爵爵位。

1908
● 10月抵台參加台灣鐵道通車典禮。

1916
● 10月寺內正毅內閣成立，接任遞信大臣。

1919
● 10月29日被原敬內閣任命為台灣總督。

1920
● 7月27日公佈台灣地方官制改正敕令，將過去由警察擔任的地方官吏，全都換成文官來擔任。改革後的各級地方行政單位都轉變成具有法人資格的公共團體。

1920
● 8月23日實施內（日）台人共婚便宜法，推展「日台人融合政策」，開始承認日台婚姻的合法化，並受理認養的申請。

1921
● 6月1日廢止台灣總督府律令審議會，正式實施評議會。

1922
● 4月1日施行新台灣教育令，實施台灣人和日本人共學的就學制度。
● 10月9日出席台灣縱貫鐵道海岸線通車典禮。

1923
● 9月被延攬至山本權兵衛的內閣，擔任農商務大臣兼司法大臣，台灣總督的職務交由內田嘉吉繼任。

1930
● 10月21日罹患腦溢血，併發肺炎住院。

1930
● 11月16日病歿，享年76歲。

【延伸閱讀】
⇨ 黃昭堂，《台灣總督府》，1989，自由時代出版社。
⇨ 吳文星等主編，《台灣總督田健治郎日記》，2001，中央研究院台灣史研究所籌備處。

恩主公、媽祖宮，
都比不上我們的北白川宮！

Q 台灣總督小林躋造與台灣的神明有什麼恩怨情仇 **？**

1 神明報錯明牌
讓小林常槓龜

2 神明常附身
讓小林變乩童

3 小林請神明昇天
讓神明被火紋身

4 小林幫神明換造型
讓台灣神變日本神

3 ^A 小林請神明昇天
讓神明被火紋身

小 林躋造就任台灣總督後不久，就積極推展皇民化運動。

皇民化運動主要目的是要把台灣人日本化，而宗教信仰與祭祀儀式的改造，就是關鍵的指標。

從1938年起，台灣總督府便陸續展開「寺廟整理」運動，

企圖透過對地方上原有寺廟與民間團體的整理和裁併，達到整合民間宗教的目的。

「寺廟整理」的具體作法包括：第一、把同一地區同種類的寺廟合併或合祀；第二，

將神明會等宗教團體解散；第三、將已解散的宗教組織的財產加以處分。由於這些行動

嚴重干涉到台灣人傳統的心靈生活，因此，主事者為了避免台灣人的強烈反彈，

就想出一套託詞：將合祀後多餘的神像，集中焚燬，美其名為「寺廟神昇天」。

但是，尊崇神明的虔敬心終究是漢民族的特性，如此處置最後仍招來台灣人的憤怒。

高唱「皇民化」的台灣總督——小林躋造

1877~1962

小林躋造是日本殖民台灣期間第17任總督，也是日本力圖將台灣「日本化」的代表性人物。

1877年他出生在廣島的舊士族家庭，之後成為小林一族的養子。1898年他畢業於海軍兵學校，進入海軍大學，之後歷任日本駐英、美等國武官、第三艦隊司令官、海軍次官、聯合艦隊司令官等職務，是日本海軍中最有希望活躍於政界的主流人物。

1936年2月26日，日本陸軍的部分青年軍官為了實現激烈的國家主義，發動政變，殺害內相（內政部長）、藏相（財政部長）、教育總監等人。事件平定後，小林躋造被認為在此次「226事件」中因未能事前防範而被追究相關責任，最後被編入預備役（後備軍人）。

1930年代之後，隨著日本退出國際聯盟及國際政治秩序的瓦解，各種軍備擴張限制條約已經形同具文。1930年代中期，英、美等國分別在亞洲的香港、麻六甲海峽及菲律賓建設海軍基地，而台灣乃是當時日本南進政策的基地及全面孤立中國的據點，地位益形重要，日本政府遂重新起用小林躋造，任命他為台灣總督，借重他的軍事長才，鞏固日本南境的國防。

他上任後1年，便爆發了盧溝橋事變。戰爭開打後，小林躋造提出了「皇民化、工業化、南進基地化」的口號，內容是推行皇民化運動、提昇台灣的工業水準，目的是使台灣成為日本帝國南進的基地。

小林的思維非常縝密，做事態度更是一絲不苟。為了因應局勢的改變，他一改之前的「農業台灣、工業日本」政策，積極建設「工業台灣」。除了開創島內工業設施外，

小林躋造接任台灣總督之前為日本海軍上將。

小林躋造任內致力於高雄港擴建工程。圖為高雄港全景。

他更以滿腔熱情致力於南進基地——高雄港之擴建工程。

　　其次，他強力推行「皇民化」運動；他認爲中日開戰後，爲了要促使台灣民眾斬斷與中國的關係、從內心誠摯地協助母國日本之政策，必須以「皇民化」來徹底改造台灣人。因此，總督府積極地要求台灣人改姓日本姓氏、講日本話、改信神道信仰、定期參拜神社。另外，在全島普遍展開「壯丁團運動」與「部落振興運動」，動員民眾的勞力去建築公共工程與軍事工程。經過這樣的動員，殖民政府的社會控制力也順利滲透到最基層的鄉里。

　　1940年11月小林躋造卸下總督一職，將職務移交給他引薦的長谷川清。1962年7月因急性肺炎，病逝於東京。

台灣

發行人：王阿舍　　發行所：遠流舊聞社

舊聞提要

1. 皇民奉公會於4月9日成立，由台灣總督長谷川清擔任總裁。
2. 由日人池田敏雄創辦的

▲「皇民化運動」開始推行後，總督府鼓勵大家接受日本神道信仰，定期參拜神社。

▲ 雖然總督府大力推行，到神社舉行婚禮的台灣人家庭仍舊不多。

- 《民俗台灣》月刊，於7月發行創刊號。
- 3.台灣基督教奉公會於8月5日正式成立。
- 4.太平洋戰爭於12月8日爆發，台灣也進入全面備戰狀態。

讀報天氣：午後雷陣雨
被遺忘指數：●

倡導穿和服、說日語
皇民化運動力求全面改造台灣人

【本報訊】1941年年底，日軍偷襲美國的珍珠港，引爆了太平洋戰爭。為了因應戰事的需要，從前任台灣總督小林躋造開始推展的皇民化運動，逐漸往台灣人的其他生活層面拓展。

小林總督時代推展的「皇民化運動」，主要目標是要讓台灣人成為「天皇陛下之赤子」，因此民眾被限制使用母語，報紙的漢文欄也被廢止，甚至連民眾的心靈領域也被警察權力粗暴地干預──民間傳統的宗教儀式以及祭祀節慶被禁制、許多供奉的神像遭到撤廢、寺廟遭查封，取而代之的，是強制使用日語、奉祀「天照大神」與改姓名運動。同時進行的還有徵用台灣軍伕，以及小規模、臨時性的台灣人志願兵制度。

▲ 日人從教育來進行台灣人思想上的改造。

其實，這種要把台灣人日本化的「同化」理想，在之前由文官擔任台灣總督的時期（田健治郎～中川健藏），就已經普遍地被宣傳著，為什麼到了小林總督時代，還要特別提出所謂的「皇民化」政策呢？

比較起來，之前所推動的同化政策，雖然標榜向日本體制靠攏，但並不全然是日本化，而是一種改革風俗的文明化運動。當時所推行的風俗改革，以放足、斷髮運動最為重要。這項運動鼓勵男性剪掉辮子，宣傳女性解放纏足。至於伴隨著風俗改革而來的「易服」活動，由於大多數的易服者多改穿西服，甚至唐衫依然受到知識分子的喜愛，是西服的替代品，可見「日本式」的生活並未普及。

▲ 太平洋戰爭爆發後，台灣人也開始被徵召，以擴充兵源。

▲ 1941年4月「皇民奉公會」成立，主要目的在於訓練台灣青年男女、開展產業奉公等。除了奉公會本身，還有青年團、奉公壯丁團等各式組織也紛紛成立，全台灣人民都無可避免被納入這些組織之中。圖為大雅庄青年團做體操的情形。

▲ 戰爭期間總督府發行的戰時儲蓄債券。

對殖民者而言，擁有漢人血統的台灣人終究不被他們信任，台灣人前仆後繼發起「台灣議會設置請願運動」、投入「文化協會」等啟蒙運動，更帶給他們「台灣人基本上是反對日本統治台灣」的印象。所以，當日本對中國宣戰後，台灣人的民心向背，便再一次受到殖民者高度關切。為了化解對台灣人不信任的疑慮，甚至冀望能有效動員台灣人、為帝國的擴張效力，最徹底的辦法便是使台灣人真正成為日本人，所以非得

▲「國語之家」（左）和「興亞奉公日」的告示牌。

實行一系列強調盡忠報國行為的精神改造運動，包括國語運動、改姓名運動、志願兵運動以及宗教風俗的改革，來壓抑台灣傳統的語言、風俗和宗教信仰，從精神面來追隨日本帝國的政策。

然而這些高壓的統治政策，極易引起台灣人的反感，難怪觀察家皆預言，皇民化運動最後將流為戰爭體制下標榜精神動員的政治口號。

▲「國民精神總動員」的宣導
書籍。

1877
● 10月1日出生於日本廣島縣廣島市台屋町。

1898
● 12月13日從日本海軍兵學校畢業,開始海軍軍旅的歷練。

1920
● 4月1日擔任日本駐英國大使館的武官,負責海軍在英國造艦的監督工作。

1922
● 駐英期間升任海軍少將。

1930
● 濱口雄幸組閣時接任海軍省次官(次長),初次擔任內閣官員,負責倫敦裁軍會議後海軍的整編工作。

1933
● 昇任海軍大將(上將),接任聯合艦隊第一艦隊司令長官。

1936
● 3月30日日本陸軍的部分青年軍官發動政變,被追究相關責任,被編入預備役(後備軍人)。
● 9月2日接任台灣總督,開始推行皇民化運動。

1937
● 9月廢除報紙的漢文欄,推行常用國語(日本語)運動,強制拆毀寺廟、神像,廢除農曆新年等漢人的節令慶典,要求台灣人民參拜神社,實行破壞台灣文化的精神改造政策。
● 隨著中日戰爭全面擴大,開始徵用台灣軍伕。

1940
● 4月11日開始實施「改姓名」制度,鼓勵台灣人把姓名改換成日本式的姓名。
● 11月27日以任期太長不勝疲勞為由,辭卸台灣總督的職務。

1944
● 12月19日接任國務大臣。

1962
● 7月4日因急性肺炎,病逝於東京。

【延伸閱讀】
⇨ 黃昭堂,《台灣總督府》,1989,自由時代出版社。

QUESTION

QUESTION

隔空抓黃金？小事一樁啦！

Q 戰後擔任台灣接收工作的台灣省行政長官陳儀，不具有下列哪一項特異功能 ❓

1 妙妙妙、國庫通內庫

2 奇奇奇、一大包米賣3百萬

3 怪怪怪、花花大鈔變廢紙

4 神神神、土地變黃金

4 神神神
A 土地變黃金

黃金地段
每坪50萬

負責來台接收的陳儀，總攬行政、立法、軍事大權於一身。在接收過程中，
各級黨、政、軍、特務人員以分贓的方式，將原本應收歸國有的日產轉變成個人私產，
他身為行政長官，卻沒有做出適當的處置，而任憑亂象持續擴大。不僅如此，
陳儀還延續日本時代的戰時經濟統制政策，採取節制私人資本的經濟政策。
台灣人原本期待可以取回被日本人榨取的財產，獲得一公平的投資環境，但是當局卻將
原本屬於民間商業貿易的權利收歸國有，連過去台灣人投資在日本企業上的資產，
也不見發還，甚至連私人集資發展的產業，也受到官方無理的打壓。
在陳儀這般惡質的接收方式之下，台灣社會經濟急速衰退，
台幣狂跌，物價飛漲，人人莫不叫苦連天。

戰後負責接收台灣的行政長官——
陳儀
1883～1950

陳儀是民國初年少數留學海外、從政經歷完整的政治人物，也是最早來台灣負責戰後接收工作的中國官員。

1907（清光緒33）年陳儀自日本士官學校砲兵科畢

陳儀肖像。

業後，進入日本陸軍大學就讀。回國後在孫傳芳（軍閥，勢力範圍包括浙江等5個省）手下擔任浙江師長，不久又擢昇為浙江省長。當蔣介石北伐成功後，陳儀出任兵工

署署長。1934年他接任福建省主席，並歷任陸軍大學校長、行政院秘書長等職務。中日戰爭結束後，由於他與福建關係密切，與日本也頗有淵源，而且之前又有訪台的經驗，也主持過有關台灣的調查與研究，因此被任命負責接收台灣。

說到訪台，陳儀曾於1935年以中國福建省主席身分，在台灣總督邀請之下，到台北參加「始政40周年台灣博覽會」的開幕儀式。當時，陳儀公開讚揚日本人的成就，並恭賀台灣人有幸能享受如此的成果。當時陳儀便已經注意到台灣的富庶。

1945年日本宣佈投降後，國民政府隨即發佈「台灣省行政長官公署組織大綱」，任命陳儀為公署長官，負責籌組長官公署的人事。陳儀所籌組的接收內閣，成員多半來自他在擔任福建省主席時期所提拔的浙江、江蘇、福建籍人士，再加上幾個他比較熟識的台灣籍行政、軍事幹部。

當時很多人都認為陳儀是屬於政學系（以國民政府內開明官僚為核心的派系）的清廉之士，所以當他受命擔任接收台灣的長官時，反對的聲音並不多，甚至有不少人認為陳儀相當適合這項職務。沒想到這個以陳儀為首的接收團隊，後來卻吞噬了日本人所遺留的一切。例如：他大量起用自己的人馬填補日本人所留下的職位，甚至擴充編制；總計日本人僅用18,300人就

1945年10月24日陳儀（紅色前頭處）搭乘美國軍機抵台，在台北松山機場接受群眾歡迎的情景。

可以推動的行政工作，陳儀的長官公署至少使用了42,000人以上，而每個處長、局長、課長級人物，除了部下以外，還養了一大群冗員。

陳儀擔任行政長官期間，台灣吏治腐敗，物價飛漲，社會動盪不安，最後終於引發了「228事件」。之後陳儀被解除行政長官之職，改由魏道明接替。回到中國大陸的陳儀，非但未受到任何制裁，甚至於1948年7月奉調浙江省主席。

1949年2月23日，陳儀以意圖投靠中共的罪名被捕；之前陳儀曾試圖向共產黨投降，但事跡敗露被捕，4月底被秘密移送台灣監禁。1950年6月18日，陳儀以叛亂罪之名在台北縣新店被槍決。

台灣

發行人：王阿舍　發行所：遠流舊聞社

舊聞提要

1. 蔣介石、李宗仁於1948年就任第1屆中華民國總統、副總統。
2. 泰雅族原住民樂信瓦旦（漢名林瑞昌）1949年

日文時事解說叢書　第九輯

二二八事件の處理方針

台灣新生報社編

▲「228事件處理方針」一書封面。

當選省參議員，為該屆唯一一位原住民參議員。

3. 台灣於1950年開始實施地方自治，全台灣劃分為
   5市16縣，並開始逐次實施多項地方公職選舉。

4. 國民黨台灣省黨部主委李友邦因「匪諜」罪名，
   於1951年被捕槍決。

讀報天氣：多雲轉晴
被遺忘指數：●

隨228事件而來的黑暗禁忌
台灣深陷白色恐怖時代

【本報訊】自政府於1949年二度宣佈進入戒嚴時期以來（首次戒嚴為1947年），台灣社會即陷入一種詭異不安的氣氛中。

由於當局以「肅清匪諜」為理由，鼓勵民眾以「打小報告」方式檢舉身邊的「不法人士」，使得許多所謂「可疑分子」未經多方查證便遭逮捕，並在草率的審判過程和苛酷的量刑之下，成為無數冤獄的受害者。而社會上經常發生的失蹤與冤獄事件，更讓民眾心懷畏懼，對各種不合理的社會現象，只能沈默以對，但求身家平安就好。民眾因而喪失了實際參與政治的權利和勇氣，一種「戒嚴也沒什麼不好」的苟安秩序，慢慢地成形，恐怖陰霾也就長久籠罩，揮之不去。

▲《中國生活》雜誌特別製作專刊報導228事件。

台灣自1945年脫離日本統治之後不久，便遭逢228事件。1947年2月27日，一樁查緝私煙事件擦槍走火，引發了228事件，長期累積的民怨隨之爆發，整個事件快速地在台灣各地蔓延。事端擴大後，行政長官陳儀一方面向社會表達「開誠佈公」的決心，一方面卻暗地向南京的國民政府誇大事態的嚴重性，並要求派遣軍隊。於是國民政府以台灣人「叛亂」為由，派遣第21師開往台灣，以武力鎮壓各地的反抗事件，甚至槍決了許多未曾參與228事件的社會菁英。

據推斷，228事件的起因除了陳儀的失

▲228事件發生後，各地均有傷亡事件傳出。此為秀水國校所發出的公文，內容為報告228事件發生後的校園情形。

▲228事件發生當天台北火車站站前情景。

職，陳儀身旁一群覬覦龐大「日產」與接收權益而介入的黨、政、軍與特務勢力，才是龐大的共犯結構。在法制上，陳儀雖然握有相當於之前台灣總督的權力，但是他並無掌握軍隊與黨部的實權，再加上他所屬的政學系原本就自成一派，與軍、黨、特務機關素無交情，因此他也沒有能力去節制各單位的「劫收」行動。於是在短短1年多的時間，台灣原本可用來復員、重建的資金、資源，多數進入了這些接收人員的私人口袋裡。沒有了重建資源之後，不少工廠停工，商店關門，物價更是節節高漲。就在這種分贓式的接收方式之下，台灣的經濟日漸惡化，終於導致228事件的悲劇發生。

當228事件的鎮壓行動趨於緩和後，執政當局又開始持續9個月的「清鄉」，陸續逮捕遭到密告的人們。清鄉之後，在低沈的政治氣壓下，228事件遂成為黑暗禁忌，人們不敢再隨意提起。

宣佈戒嚴後的隔年6月，曾任台灣省行政長官的陳儀因叛亂罪遭槍決。當局這項舉動正是警告外省人、尤其是軍政高層，不要與共產主義有所牽連。「陳儀之死」只是一個開場而已，即將展開的政治整肅工作，才是更值得注意的惡夢。

▲漫畫家以畫筆表達對時局的不滿。

陳儀年表
1883~1950

1883
● 出生於浙江省紹興縣。字公俠，號退素。

1907
● 日本士官學校中國學生隊第5期砲兵科畢業。

1911
● 10月辛亥革命後，擔任浙江都督府軍政司長。

1914
● 5月，就任陸海軍大元帥統帥辦事處軍事參議官。

1917
● 前往日本陸軍大學深造。

1922
● 回國後在軍閥孫傳芳手下擔任浙江軍師長。

1924
● 8月江浙地區軍閥混戰，協助孫傳芳擊敗盧永祥。

1925
● 11月參與華北軍閥混戰，攻占徐州後駐防徐州。

1926
● 11月率部隊回杭州，接任浙江省長。
● 眼見北伐的國民革命軍節節勝利，開始與蔣介石接觸。將部隊改編為國民革命軍第19軍，仍擔任軍長。

1927
● 7月，接任國民政府軍事委員會委員。

1934
● 調任福建省政府主席，兼福建省保安司令。

1935
● 受邀來台，參加日本總督府「始政40周年台灣博覽會」。
● 接替蔣鼎文的職務，兼任福建綏靖主任，掌控福建省軍政大權。

1940
● 捐資興辦廈門大學的著名僑領陳嘉庚，對福建省政大肆批評，並聯絡旅外閩人發起「驅陳運動」。

1941
● 8月被免除福建省主席的職務。
● 12月，轉往中央任職接任行政院秘書長。

1943
● 調任考核委員會主任委員，代理陸軍大學校長。

1945
● 10月24日，接任台灣省行政長官兼警備總司令。
● 10月25日在台北中山堂舉行日本受降典禮。

1947
● 2月27日因取締私煙，釀成警民衝突，擴大為228事件。
● 3月8日國民政府的支援部隊登陸基隆、高雄，展開鎮壓群眾的清鄉行動。
● 4月22日辭去行政長官一職後，受聘為國民政府顧問。

1948
● 6月，第2度接掌浙江省政，擔任省主席。

1949
● 2月23日在上海因通敵陰謀叛國罪名被捕。
● 4月29日被移送台灣羈押。

1950
● 6月18日在台北縣新店被槍決身亡，得年68歲。

【延伸閱讀】
⇨ 劉紹唐主編，《民國人物小傳》第4冊，1975，傳記文學出版社。
⇨ 張炎憲、李筱峰編，《228事件回憶集》，1989，稻鄉出版社。
⇨ 228紀念館編，《被出賣的台灣：葛超智文物展綜覽》，1999，228紀念館。

有事不用怕，因為我們同一掛！

Q 差點成為總統接班人的陳誠與蔣介石有什麼關係 **?**

1 穿同一條褲子的拜把關係

2 情同父子的師徒關係

3 一前一後的長官部屬關係

4 勾心鬥角的政敵關係

3 ^A 一前一後的長官部屬關係

陳誠早期在中國大陸擔任東南軍政長官，握有實際的軍政大權。

他本來有機會更上一層樓，但他自始至終追隨他的長官蔣介石，而蔣介石也視陳誠為左右手。

1949年，中華民國政府在國共內戰中節節敗退，蔣介石在輿論指責下卸下總統一職，

但仍在幕後操縱政局。在蔣的指示下，陳誠積極部署台灣的防務工作，為撤退預作安排。

蔣介石復職後，軍政大權仍一手掌控，陳誠則擔任蔣的副手，負責實際執行的工作，

主導了台灣的農地改革、推行地方自治、復興經濟等工作。

主導戰後台灣政經方向的總統副手——

陳誠

1898～1965

叱吒民國政壇40多年、主導台灣戰後政經變革的陳誠，出生在中國大陸的浙江省。他成長於傳統農村社會裡的典型家庭，幼年在父親的督教下，除了識字讀書之外，還要幫忙操持家務及農事。

陳誠晚年。

1913年，陳誠考取浙江省第一中學，讀了一個學期後，因顧慮家中環境不太寬裕，便轉考到公費的師範學校，畢業後考上杭州體專，預備成為體育科教師。1918年自體專畢業後，他到北平謀求出路，適逢著名的保定軍官學校選拔優秀大專學生入學，他便去投考保定軍校，並順利錄取成為砲科班的一員，從此轉入軍旅。

畢業後他被分發到浙江當見習官，見習期滿後便南下廣州，參加孫中山所領導的軍校部隊。1924年陳誠以上尉官佐之銜在黃埔軍校擔任教官，20年內躍昇為大權在握的上將軍政部長兼參謀總長和海軍總司令；晉升速度之快，無人能及。

1948年陳誠擔任東南軍政長官公署長官，是共產黨席捲中國大陸、國民政府節節敗退的殘局中，唯一能夠保有軍政實力的將領，因此陳誠便於隔年接任台灣省政府主席，成為國府政權撤退台灣的開路先鋒。陳誠一上任，便以「人民至上、民生第一」的口號，留用各方人才，積極爭取台灣的民心，並推行各項改革以穩定台灣局勢。

政府撤遷來台後，陳誠先後擔任台灣省主席、行政院院長。在省主席任內，他透過「耕者有其田」政策，讓佃農搖身一變成為擁有土地的自耕農，進而對政府產生向心力。另外，他斷然實施台幣改革，以舊幣4萬元折換新台幣1元的比例，穩定台灣的金融秩序，使整個政局穩定下

陳誠（中）與弟正修（右）、勉修（左）合影。

來，但也讓不少台灣人的財產在一夕之間化為烏有。

陳誠在國政上，致力推動農地改革與協助整頓軍隊，在國民黨內則消除黨內派系爭鬥，因此他的政治聲望如日中天。當第2任總統改選時，陳誠當選副總統，3年後他又接任國民黨副總裁，被視為蔣介石的接班人。

陳誠（右）與蔣介石。

時任副總統的陳誠出訪越南時，在專機上接受民眾歡迎。

但這時陳誠身體情況卻急速轉壞。1963年12月15日，陳誠因肝病病情惡化請辭行政院長；8個月後，陳誠再度因腸胃不適入院檢查，確定肝部已為癌細胞侵噬，1965年3月5日終因肝癌而辭世。

台灣

發行人：王阿舍　發行所：遠流舊聞社

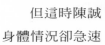

舊聞提要

1. 高雄縣茄萣鄉4月9日爆發牡蠣遭工業廢水污染事件。
2. 根據中央氣象局統計，截至5月27日為止，5

土地改革政策驗收成果

▲ 地主的耕地放領給佃農後，政府以發放債券、股票的方式作為補償。圖為實物土地債券，持有人可以憑此兌換稻穀等糧食作物。

1986年7月31日　穿越時空　獨漏舊聞

月期間台灣共發生有感地震180次。

3.彰化縣鹿港鎮民6月24日發起抗議遊行，以
　抵制美國杜邦公司的設廠計畫。

4.台灣省議會於7月31日通過廢止「耕者有其
　田」實施辦法。

讀報天氣：多雲轉晴
被遺忘指數：●●●●

地主佃農命運大不同

【本報訊】7月31日省議會通過廢止「耕者有
其田」實施辦法。該項條例自1953年公佈實
施，在33年後正式走入歷史。

　　「耕者有其田」是國民政府來台後所實
施的一連串農地改革政策的目標。土地改革
自1949年開始，分成三階段進行，即「三七
五減租」、「公地放領」、「耕者有其田」。
第一階段先減免佃農需繳交的地租，內容包
括地主向佃農徵收的地租，不得超過全年主
要農產收穫量的37.5%，第二階段是將公有
耕地開放給自耕農承領，第三階段則由政府
將地主出租之耕地徵收後，放領給佃農。

　　這一系列政策陸續實施後，台灣農業生
產力明顯的大幅提高，這在全世界是相當少
見的情況。農地政策得以成功，主要原因在
於農地改革前，農村的基本設施（如水利灌
溉）、農民的耕作管理技術、農業生產技術

▲ 台灣省政府印製的「耕者有其田」宣傳單。

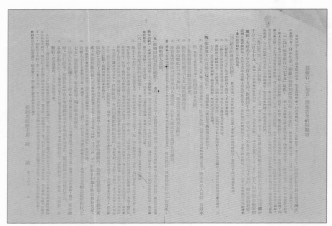
▲台灣省主席陳誠為宣導三七五減租所發表的文告。

土地被低價收購的不平與不滿，仍可以從台中霧峰林家的大當家林獻堂托辭療病而長期滯留日本不歸的不合作態度中略知一二。事實上，農地改革並沒有充分獲得台灣中上層地主的支持，因為在農地改革的過程中，或許有些地主巧妙地藉由政府補償的債券股票而轉變成工商業者，但也有更多地主因而喪失原有的經濟力量與社會地位。

若從台灣經濟的發展經驗回顧，土地改革確實造就了人數眾多的自耕農，這些獲得土地的農民生產意願大增，加上農政單位的農技指導，有效改善農業生產技術，使得農村過剩的勞動力，可以投入新興的製造業，有助於農、工業之間的轉型發展，並創造日後經濟起飛的台灣奇蹟。

及肥料供給等外在條件已大致完備，所以，一旦農民擁有農地所有權後，努力耕種的動機提升，農地生產力自然可以有效提高。除此之外，陳誠從減少佃租開始，接著收購地主多餘的農地，再轉配給佃農，逐步完成耕者有其田的理想。

另一個成功因素，則和當時政治局勢有關。本來，政府以低價收購土地，地主們理應會出現反彈的聲浪。然而，由於1947年的228事件和隨後的清鄉運動對台灣人的打擊太大，對政治鎮壓的恐懼和陰霾，也沈重地壓在中上層地主頭上，所以在整個農地重新分配的過程中，並沒有出現太大的反抗。

儘管如此，地主們對於

▲台灣省新聞處印製的「放領公地民眾須知」。

▲ 土地改革的目標之一是讓佃農獲得土地，加強其生產意願，進而提高整體的農產量。

1898
● 1月4日出生於浙江省青田縣高市。

1918
● 自杭州省立體專畢業，考進保定軍官學校，分發陸軍第九師砲兵團入伍。

1922
● 自保定軍校畢業，分發至浙軍第六師，擔任見習官。

1924
● 黃埔軍校成立，任上尉特別官佐，並加入中國國民黨。

1925
● 參加國民革命軍東征的行列。

1932
● 1月1日與譚延闓的女兒譚祥結婚。

1933
● 3月出任贛粵閩邊區剿共戰爭的中路軍總指揮。

1936
● 12月西安事變時蔣介石被張學良與楊虎城挾持，陳誠與多位侍從同時受困。

1938
● 擔任武漢衛戍總司令，兼第九戰區司令長官和湖北省政府主席。

1944
● 12月1日出任軍政部部長，著手整頓全國軍隊。

1946
● 6月出任參謀總長兼海軍總司令。

1947
● 8月兼任國民政府主席東北行轅主任，指揮東北剿共事宜。

1948
● 10月因胃疾復發，轉來台灣療養。

1949
● 1月就任台灣省主席，兼台灣警備總司令。省主席任內推行「三七五減租」的農地改革計畫。
● 6月15日頒佈幣制改革方案，發行新台幣，改革幣制。
● 8月15日出任東南軍政長官公署軍政長官，統轄江蘇、浙江、福建、台灣4省。

1950
● 3月擔任行憲後第5任行政院長。

1953
● 於行政院長任內繼續推動「耕者有其田」政策，落實耕地重分配的農地改革。

1954
● 5月就任第2任副總統。

1958
● 7月以副總統的身分再次擔任行政院長。

1960
● 3月當選第3任副總統，並再次兼任行政院長。

1965
● 3月5日體內肝癌細胞蔓延，肝病病情惡化，以68歲之齡逝世。

【延伸閱讀】
⇨ 徐揚、寇思疊，《陳誠評傳》，1986，群倫出版社。
⇨ 戴國煇，《台灣總體相——住民‧歷史‧心性》，2002，遠流出版公司。

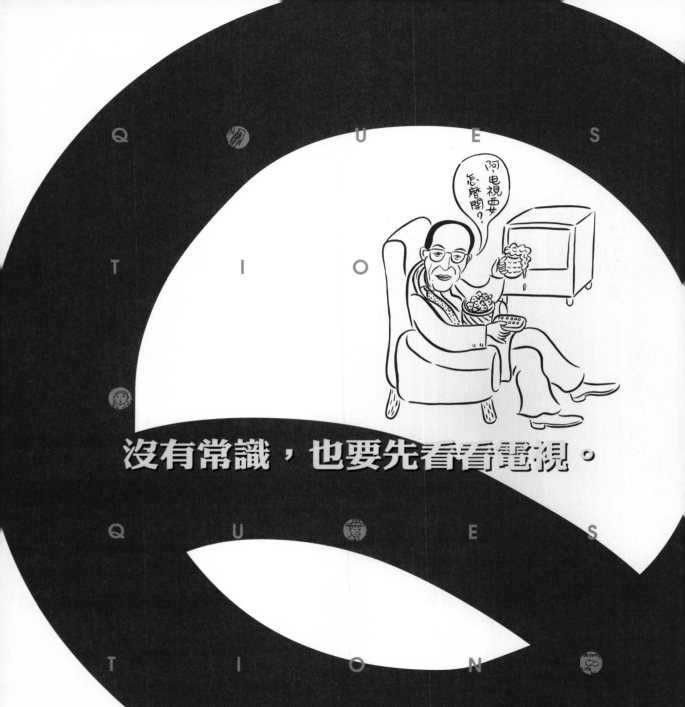

沒有常識，也要先看看電視。

1 一鄉一水庫，越多越好

2 兩個孩子恰恰好
一個孩子不嫌少

3 檳榔林種植地
全面改種有機蔬菜

4 開放國外農產品進口

2A 兩個孩子恰恰好
一個孩子不嫌少

中國農村復興委員會主委蔣夢麟在「耕者有其田」實施後，就警覺到人口增加的壓力。
因為生產增加後人口必定會隨之增長，而後者的增加速度必然會超過前者。
因此，他提出「台灣省每年增加一個高雄市的人口，也就吃掉一個石門水庫所能增產的糧食」
的嚴重警告，但是在「增產報國、反攻大陸」的號召下，他面臨了來自各方的攻擊和謾罵。
蔣夢麟仍堅持實行節育政策，甚至在記者會中公開宣稱：
「……我已要求政府不要干涉我。如果因為我提倡節育而闖下亂子，
我寧願政府來殺我的頭，那樣，在太多的人口中，至少可以減少我這一個人。」
蔣夢麟不顧保守勢力的非議，堅持執行人口節育計畫，控制人口成長的幅度。
台灣今日的人口成長與經濟發展得以取得平衡，實有賴於當時他「寧死不屈」的堅決意志。

推展農村改革的
教育家——
蔣夢麟
1886～1964

蔣夢麟,是中國近代歷史上著名的教育家,也是台灣農村改革的領航員。

蔣夢麟肖像。

出生於中國浙江的他,幼年舉家遷往上海,隨後進入紹興中西學堂接受外語與科學教育,開始接觸西方文化。22歲那年,他離鄉背井前往美國,就讀於加州大學舊金山分校(UCLA),先攻讀農業學,後轉讀教育,畢業後又進入哥倫比亞大學研究院繼續深造,6年後終於獲得哲學與教育學博士學位,回到中國。

在當時,蔣夢麟是少數專門研究教育的歸國學人,學有專長的他,後來便接任教育部長與北京大學校長等職務。任職北大期間,他獲得胡適、傅斯年、丁文江等人的協助,逐步將北大提昇為中國最重要的學術研究中心之一。

中日戰爭結束後,蔣夢麟轉任行政院秘書長,並先後兼任中國紅十字會會長、國民政府委員及行政院善後事業保管委員會主任委員。

1948年「中國農村復興委員會」(簡稱「農復會」)成立,蔣夢麟被推舉為主任委員,與沈宗瀚、晏陽初以及美國方面的人員共同合作,推動農業增產、促進社會福利等工作。農復會的基本政策,是以改良農業生產、增加農民福利、注重公平分配為目標。可惜後來因為共產黨坐大,中國政局動盪,農復會未能有具體的成就。

農復會成員在台北松山機場歡送蔣夢麟(右3)前往菲律賓接受麥格賽賽獎。

蔣夢麟的著作《西潮》封面。

發行人：王阿舍　發行所：遠流舊聞社

舊聞提要

1. 台灣大學考古隊於1月8日在台東縣八仙洞挖掘出舊石器時代文物。
2. 行政院新聞局2月16日表示，台灣近5年來的

1年後政府遷台，農復會也在台灣重新運作，由沈宗瀚專司農業技術改良，而蔣夢麟則著重農村生活改革。具體的工作目標則包括：提倡節育、改良農會組織、發起四健會（以「節約」、「儲蓄」、「節育」、「教育」等4項，作為農村改革目標）、落實農技教育和節約儲蓄的精神，以及促進農村走向富足康樂的新生活。

蔣夢麟不僅致力於農村改革，他對台灣北部的水利開發也有卓越的貢獻。石門水庫就是在他的督導下順利完工的，此項措施嘉惠了北台灣廣大的農民。他改良農村社會的成就，獲得了國內外一致的肯定，菲律賓政府也特別頒贈麥格賽賽獎，來表揚他對台灣農村的貢獻。

1964年蔣夢麟因肝癌惡化病逝，他逝世後由沈宗瀚接下改革重擔，繼續推展台灣農業。

▲ 1961年底，農復會、台灣省衛生處、美國紐約人口局、密西根大學人口研究中心合作成立了台灣人口研究中心。圖為簡報情形。

▲ 台灣農村家庭的人口問題遠比都市嚴重。圖為宣導家庭計畫的工作人員主動到民眾家中宣導計畫生育觀念。

平均經濟成長率位居亞洲第1位。
3. 國產汽車3月28日當日首度外銷婆羅洲。
4. 行政院於4月11日通過「中華民國人口政策綱領」。

讀報天氣：陰有雨
被遺忘指數：●●●

人口怪獸是台灣社會未來惡夢？
農復會祭出家庭計畫絕招

【本報訊】行政院在今年通過了「中華民國人口政策綱領」，將倡導適當生育，以維持人口數的合理成長，同時，也將實施優生保健，以提高人口品質。這項決策綱領之所以能通過、實施，雖然有政府的現實考量在內，但決策過程中最重要的催生者，當然是向來推行家庭計畫不遺餘力的農復會。

1960年之前，台灣的出生率及育齡婦女的生育率一直不高，直到後來隨著公共衛生條件的改良、死亡率的降低，加上1949年撤遷來台的1百多萬軍民，台灣人口才開始大幅增加，甚至在1958年時人口總數突破1千萬。

▲宣導家庭計畫的工作人員也必須先做「職前訓練」。

因此有些社會學家開始擔憂，未來台灣社會有可能因為高密度人口而面臨種種壓力。不過，由於孫文遺教中強調人口不足是中華民族發展上的弱點，再加上反攻大陸也需要龐大的兵員，因此在這種「人多好辦事」的偏見下，始終沒人敢公開提出節育政策。直到1959年，農復會主委蔣夢麟站出來呼籲必須正視人口壓力吞噬農村建設成果後，人口問題才正式浮出檯面。

1957年10月2日，蔣夢麟先在報章發表〈談談台灣的人口問題〉，文中言之鑿鑿地論述台灣「耕地有限而人口增加過速」的危機。1年多之

▲ 計畫生育觀念、避孕知識是工作人員的宣導重點。

後，他又在某次記者招待會發表「讓我們面對日益迫切的台灣人口問題」的議論。蔣夢麟數次公開以強烈言論，企圖引起眾人對人口問題的重視，雖然各方的無理攻擊和惡意謾罵隨之而起，但是節育問題終於也開始受到重視與討論。

蔣夢麟認為「耕者有其田」等扶助自耕農政策實行以後，下一步急待解決的便是人口問題。他注意到台灣人口增加太快，生產速度勢必無法趕上人口增加速度，因此他主張應對每一家戶的人口數採取限制。他並以進一步的數據加以推算與分析，來說服決策高層支持節育運動。

在說服了決策者的認可之後，蔣夢麟的人口理論仍然面臨社會各界的強烈質疑，而政府單位礙於反攻大陸的既定國策，也無法

全力配合這項政策。蔣夢麟遂以農復會本身所掌握的美方技術與經費，來執行各項節育工作；他把成立已有7年歷史的「婦嬰衛生所」，擴大為「台灣省婦嬰衛生中心」，由農復會提供資助，而在各地持續推行家庭計畫。

經過農復會鍥而不捨的努力，人口節育政策終於獲得政府公部門的共識，得以全面實施。這一來，農村經濟改善的成果將可以有效地保留，人口過剩拖垮農業經濟發展成果的夢魘也將可以避免。

▲ 外籍顧問在推動家庭計畫與人口問題研究上，扮演了重要的角色。圖為外籍顧問Sam Keeny下鄉訪視情形。

▲ 宣導家庭計畫的相關書籍。

【 延伸閱讀 】

⇨ 蔣夢麟，《農復會工作演進原則之檢討》，1951，中國農村復興聯合委員會。

⇨ 中國農村復興聯合委員會編，《農復會卅年紀實（1949-1978）》，1978，中國農村復興聯合委員會。

⇨ 張憲秋，《農復會回憶》，1990，行政院農業委員會。

⇨ 黃俊傑，《農復會與台灣經驗》，1991，三民書局。

總統萬萬歲，
永遠沒有下一位。

1

未能繼續連任第6任總統

2 ## 不能再槍斃匪諜了

3 ## 「反攻復國大業」尚未成功

4 ## 台灣退出聯合國

3 A 「反攻復國大業」尚未成功

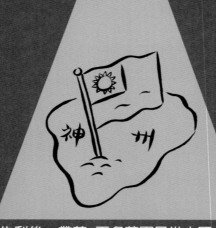

蔣介石在國共內戰失利後，帶著1百多萬軍民從中國大陸撤守到台灣。
為了安撫部眾，也為了激勵軍民士氣，他提出「反攻大陸」、「反共復國」的口號，
讓人民相信消滅共匪、完成復興大業的目標一定會成功。
然而，隨著1970年代一連串的國際外交的挫敗，包括退出聯合國、與多國友邦斷交等等，
反共復國大業越來越難實現，但他始終告訴民眾，自己是一位「莊敬自強、處變不驚」的
英明領袖。在他逝世後，他的後繼者改以「實行三民主義、建設復興基地」
為激勵民心的口號，藉著台灣經濟、社會建設的成就，來證明三民主義
可以打垮共產主義。同時也堅信「以三民主義統一中國」的口號，
可以實現蔣介石畢生的復國大夢，所以他死後一直未入土，長期「奉厝」在慈湖，
等待「反攻大陸」成功後，可以光榮歸葬浙江省故鄉。

強人威權的締造者——
蔣介石
1887~1975

蔣介石曾是孫文身邊的一名重要武將。

蔣介石原名瑞元，後改名中正，字介石，浙江省奉化縣人。他畢業於河北省保定軍校，留日期間加入同盟會，回國後投靠以孫文為首的國民黨，擔任廣東軍政府大本營參謀長。

當時中國正處於南北分裂、軍閥割據的時期。北方以馮國璋、段祺瑞為首的政府，和南方以孫文為大元帥的軍政府，彼此交戰不休。1924年孫文為了強化、改造國民黨組織，便模仿蘇聯紅軍的建制在廣州創立黃埔軍校，而代表前往蘇聯考察的蔣介石，則被任命為黃埔軍校的校長。

隔年3月孫文去世後，蔣介石在激烈的鬥爭中迅速取得主導地位。7月，中國國民黨在廣州成立「國民政府」，並於次年6月通過北伐案，由蔣介石擔任國民革命軍總司令。1928年國民革命軍完成北伐，蔣介石以黃埔畢業生為主力部將，拉攏各省區的強人和政客，收拾了軍閥割據的殘局，之後他出任南京政府軍事委員會委員長，掌握軍、政大權，能力得到國際間的認可，並被視為中國之新秀領導人。

蔣介石晚年。

中日戰爭結束後，蔣介石當選中華民國行憲後第1任總統，但此時他所領導的中華民國政府在國共內戰中已漸趨劣勢；在輿論批判政府「殘暴、貪污、無能」的情形下，他宣佈「下野」，由副總統李宗仁代行職務，實際上他仍居幕後操縱政局。

1949年共產黨全面占有大陸後，李宗仁逃亡美國，12月中華民國政府撤遷來台，蔣介石就在翌年3月1日「復行視事」，接著進行國民黨的改造，將原本派系林立的黨組織，轉化成以黨領政、以黨領軍的「革命民主政黨」，並親自掌握黨組織的領導權。從此之後他就一直擔任國民黨總裁，制訂並多次修改「動員戡亂時期臨時條款」，架空憲法，讓他得以4度連任總統。同時他還以「反攻大陸」、「戡平共產

大韓民國元首朴正熙伉儷來台訪問，蔣介石以總統身分前往松山機場迎接。

黨叛亂」爲由，強化剝奪人民基本權利的戒嚴體制。

國府遷台初期，蔣介石刻意培養兩組人馬；一是彭孟緝和陳誠，他們分別負責掌握情治系統與實施經濟重建政策；另一是自由開明式作風的吳國楨與孫立人，以他們兩人來尋求美國方面的支持。可是當蔣介石的政權穩固後，他開始排除這些人的政治勢力，其中除了彭孟緝轉進蔣經國陣營，得以依舊掌握著情治系統之外，陳誠最後因健康因素自動請辭、吳國楨辭去台灣省主席職位流亡美國、孫立人因被檢舉意圖軍事政變及匪諜案而免去總統府參軍長職，軟禁在台中。在這些可能會變成反對勢力的老親信逐一被剪除後，強人威權與一黨專制的政治型態更加堅固，蔣家長期成爲台灣政壇的領導核心。

蔣介石在台掌政25年之後，於1975年病逝。蔣介石死後，其子蔣經國的接班態勢逐漸明朗，於1978年出任總統，確立了台灣強人威權政治延續的命運。

台灣

發行人：王阿舍　發行所：遠流舊聞社

舊聞提要

1.省議會於1959年12月30日通過決議，籲請蔣總統繼續連任，以領導建國復國之舉。
2.美國國務卿於1960年

▲ 民眾上街頭高舉「恭請蔣公總統連任」的標語。

▲ 總統蔣介石在就職典禮完後與眾官員合影。

1月12日重申，協防台灣政策將不會有所改變。
3. 司法院大法官會議1960年2月對於國大代表總額做出解釋。
4. 中國國民黨主席蔣介石3月21日當選第3任總統，副總統當選人為前行政院長陳誠。

讀報天氣：晴朗多風
被遺忘指數：●●

▲國防部總政治部為慶祝蔣介石生日所製作的便箋。

臨時條款為總統連任限制解套
蔣介石順利當選第3任總統

【本報訊】國民大會代表於3月21日舉行總統選舉投票，開票結果蔣介石獲得總票數1509票中的1481票，高票當選第3屆中華民國總統，這也是他第3度連任總統一職。原本根據憲法規定，總統、副總統只能連任1次，不過部分國大代表於2月17日提出動員戡亂時期臨時條款修正案，並經由三讀通過；其中一條修正文即是：「動員戡亂時期，總統、副總統得連選連任，不受憲法第47條連任1次之限制」。國民大會即依此選出了新任總統。

1949年國民黨政權在國共內戰中戰敗，撤退到台灣，1百多萬的軍民也跟著來到台灣。雖然國民黨在1947年曾經制訂過「中華民國憲法」，但過不久，就為了因應國共內戰的非常時期，而於第1任正副總統選出前夕，

▲「親民、愛民」是蔣介石極力營造的形象。

▲ 國防部總政治部出版的宣傳小冊。

▲ 在「反攻大陸」的目標下，發展軍力為當前台灣領導人的施政重點。

以憲法附加條款的方式，制訂了「動員戡亂時期臨時條款」，將憲法本文部分凍結，讓憲政體制進入臨時條款時代。後來，中華民國政府不但沒有平定「共匪叛亂」，反而流亡到台灣。此後，在台灣的中華民國政府就以「叛亂」尚未平定為理由，繼續延長臨時條款的時效。

臨時條款經過一再地修改後，除了賦予總統「緊急處分權」外，也刪除總統連任1次的限制，讓蔣介石得以成為連任再連任的「萬年總統」，這些國大代表也成了終身職，創造出「萬年國會」。臨時條款不僅成為「太上憲法」，架空了原有的憲政體制，而且還成為行政權獨大的法律依據，也就是說，總統可以依據臨時條款，不經立法院的同意，任意以行政命令覆蓋憲法與法律的規定。

對於一心反攻大陸的蔣介石而言，台灣只是「反攻大陸的復興基地」，在施政上他首要關心的是確保台灣有充足的兵員和軍糧，民生建設當然也就完全被忽略了。為了鞏固強而有

力的領導中心，他將黨、政、軍大權一把抓，而對於不同的聲音，則多採壓制和監控的做法，久而久之，在「白色恐怖」下，人人「噤若寒蟬」，社會上瀰漫著一股肅殺氣氛。

為了有效地掌控各方勢力，蔣介石繼續維持1949年實施的戒嚴狀態，於1958年將台灣省民防司令部、台灣省保安司令部、台灣省防衛總部等單位併編成台灣警備總司令部，讓原本專責衛戍、保安、民防工作的機構，轉變成執行戒嚴任務的情治機關，除了執行軍事管制外，還負責監聽、偵防、安檢、郵檢、文化審檢等任務，幾乎是從人民生活各個層面來進行政治監控。

在國民大會宣佈蔣介石高票當選總統的同時，社會各界也開始著手籌備盛大的慶祝活動，但事實上平民大眾普遍患有政治冷感症，「一言堂」的時代似乎還會繼續下去。

▲ 以「消滅共匪、復興中華」為訴求的大遊行。

1887
- 原名瑞元，後改名中正，字介石，出生於浙江省奉化縣溪口鎮。

1902
- 就讀奉化縣的鳳麓學堂，接受新式教育。

1906
- 東渡日本求學，就讀東京振武學堂，學習軍事。經由陳英士介紹，正式加入同盟會。

1924
- 6月，擔任黃埔軍校校長。

1926
- 7月9日就任國民革命軍總司令，領軍北伐。

1927
- 4月18日北伐推進到南京，成立南京國民政府，發表排共宣言。

1928
- 10月10日張學良宣佈東北易幟，中國宣告統一。就任國民政府主席。

1931
- 12月15日因918事變日軍入侵東北以及汪精衛等人的抵制，宣佈下野，辭任國民政府主席。

1932
- 3月6日日軍進兵上海爆發128事件後，復出當選軍事委員會委員長，開始主導安內攘外的剿共戰爭。

1934
- 2月19日在南昌演講新生活運動的要義，提倡生活改造運動。

1935
- 4月1日提倡國民經濟建設運動。

1936
- 12月12日因張學良、楊虎城發動兵諫，被監禁在西安，史稱「西安事變」。
- 12月25日獲釋回到南京。

1937
- 9月23日發表國共合作宣言，第二次國共合作成立，中國停止剿共內戰，一致對日抗戰。

1943
- 11月22日參加開羅會議，討論戰後對日本的處理方針。

1947
- 中華民國憲法公佈實施，當選第1任總統。

1949
- 1月15日共產黨席捲中國，國民黨節節敗退。宣佈下野，由李宗仁代理總統職務，負責進行和談的工作。
- 12月8日國民政府決定遷都台北。

1950
- 3月1日復職。

1952
- 推行「新、速、簡、實」的反共抗俄總動員運動。

1954
- 3月，當選第2任總統。

1972
- 3月21日當選第5任總統。

1975
- 4月5日心臟病發不治，享年89歲。

【延伸閱讀】
- Bruno Zoratto著、辛達謨譯，《蔣介石：現代中國的建造者》，1988，幼獅文化。
- 酒井亨著、王淑華等譯，《台灣新論》，2001，玉山社。
- 戴國煇，《台灣總體相──住民・歷史・心性》，2002，遠流出版公司。

怎樣叫「哈美」？
穿麵粉袋內褲最酷

Q 尹仲容是戰後台灣經濟發展的重要人物。他的哪種美式作風在當時是一種流行**？**

開會時猛講ABC
1

見面就抱著對方說Hello
2

 穿著印有瑪麗蓮夢露的T-Shirt
3

梳貓王的髮型去work
4

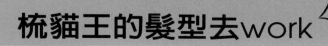

1 A
開會時猛講ABC

1950 年代台灣與美國關係十分密切。當時台灣雖然是聯合國的成員，
擁有國際認可的獨立主權，不過台灣政府並不能全權主導自家的經濟事務，
這是因為美國透過國際開發總署，掌握了台灣的經濟生命線，並享有決策的否決權。
因此政府的各項重要經濟決策部會，都可以見到美國顧問的身影，
特別是在經濟安定委員會的各項會議中。
各相關部門在開會時為了讓美國顧問能夠聽懂討論內容，官員們都以英語發言。
當時正擔任經濟安定委員會委員兼秘書長的尹仲容也不例外，他能夠說流利的英語，
也熟悉美國人的做事方法。尹仲容日後出任各項要職，
充分發揮他所學到的經驗和理念，對台灣的經濟發展造成了深遠的影響。

台灣經濟奇蹟的奠基者——尹仲容

1903~1963

台灣經濟從殘破以至蓬勃發展，尹仲容居功不小。

尹仲容曾在美國西屋公司擔任電機工程師，來台之前便已在政府機構歷任多項經建相關的職務。卓越的能力

尹仲容肖像。

和頑固的性格，曾讓他樹立了不少政敵，但時至今日卻也獲得眾多財經專家和企業家的一致推崇。他曾大膽起用工程師與科學家，以科學分析方法，成功地監督了1953年起的幾個4年期經濟計畫，擬定了1965年到1974年的10年經濟計畫，並主導了往後20年間台灣經濟發展的走向。

1949年，尹仲容隨政府遷台後，出任生產事業管理委員會（簡稱「生管會」）的副主任委員。當時他所面對的，是戰後殘破的經濟環境；所有的工廠、礦場、道路和電力設施，若非被炸毀，就因缺乏保養而陷於停頓，農業也因為肥料不足而無法提高產量。在對外貿易上，又因為對中國大陸、日本的貿易路線中斷，而難以推展。另外，由於人口暴增（1百多萬軍民遷台）而讓物資缺乏的情況更形惡化，通貨膨脹的危機一觸即發。這時台灣的經濟只能以「一島孤懸、危機四伏」來形容。

然而，在尹仲容所掌控的生管會調配之下，公、民營生產事業得以配得原料，迅速恢復生產，電力供應與交通運輸系統也重新運作。同時由於他力主恢復對日貿易，讓農工生產市場得以擴大。

1954年6月，尹仲容接任經濟部長。他致力於台灣水泥、台灣紙業、台灣農林、台灣工礦等4大公司的移轉民營。不過當他埋首於發展台灣經濟之際，卻受到流言攻訐而黯然下台，實際執行

1962年尹仲容與夫人應邀訪日，登機前與歡送民眾揮手致意。

部長職務不到1年。

1957年8月，尹仲容重獲起用，擔任經濟安定委員會的委員兼秘書長。他再次發揮勇於任事、當機立斷的精神，以明快的手腕、循序漸進的方式，實施外匯貿易改革，消除了外匯買賣市場上營私請託的弊端。當這些改革政策順利推行後，整體經濟環境也隨之被帶動，不但台幣的信用價值恢復，外匯存底更逐年飆漲至7千萬美元。

1958年，經濟安定委員會裁撤後，尹仲容轉任美援運用委員會（簡稱「美援會」）副主委。美援會的功能，對外是爭取美援及國際開發協會援助，對內則協助落實財經政策、推動公民營生產事業、改進社會教育事業等。

隔年，尹仲容與相關財經首長，提出19項財經改革措施和經濟發展計畫，開始推動經濟轉型工作，希望台灣可以擺脫對外援的依賴，逐漸達成經濟自主。

然而，就在各項計畫正待進行之際，尹仲容卻於1963年初猝然過世，留下許多未完成的夢想。

台灣

發行人：王阿舍　發行所：遠流舊聞社

舊聞提要

1. 為配合實施長期經濟發展計畫，行政院在9月20日擬定「10年運輸發展計畫」。
2. 台南縣龍崎鄉於10月

▲ 美國國際開發總署一行人來台，視察桃園水稻生產改良技術的成果。

歷 史 報

1970年12月30日　穿越時空　獨漏舊聞

3. 18日發現400萬年前的象牙化石。
3. 省政府11月18日公佈，自本學期起給予蘭嶼
　國中學生全部公費。
4. 根據主計處統計，我國今年度對外貿易總
　額，總值達30億美元。

讀報天氣：陰雨
被遺忘指數：●

尹仲容有效利用美援
台灣經濟從困境中起飛

【本報訊】根據本年度主計處的統計，台灣的貿易總額占了國民生產總值的50%，同時期工業製品的出口比例也超過了農產品。台灣的經濟發展至此可說是繳出了漂亮的成績單，並被國際輿論稱之為「台灣奇蹟」。台灣經濟得以從原本困頓的局面中，走出一條生路，除了大多歸功於經濟掌舵者──尹仲容之外，「美援」更是一股不容忽視的力量。

　　所謂「美援」，指的是美國對台援助，始於1950年年底。美國派遣一批軍事和文職顧問來台灣協助重建殘破的經濟，最終目標是要達成台灣政治經濟穩定。美援的到來，不僅緩和了通貨膨脹的危機，讓經濟安定下來，更重要的，是讓國民政府能夠維持一支龐大的軍隊。在美援到來的頭幾年當中，援助項目毫無章法，且多半是直接提供民生必需品，不過到了1950年代中期以後，美援的

▲紡織工業前景看好。

用途開始由補洞堵漏轉變為促進經濟發展，尹仲容在經濟部長任內所推動的經濟開發計畫，其大部分財源正是來自於美援。

　　事實上，美援對政府的經濟決策有著重大影響力，其中最大的影響就是改變了國民黨全面壟斷工業生產的計畫。以尹仲容為首的一批經濟官員，也力主發展私人企業，因此，台灣得以推行一連串措施，鼓勵私人企

▲ 台灣的工業逐漸邁向多元化發展。此為電訊局正在裝配大批公共電話（左圖）
及茁壯中的石油化學工業（右圖）。

▲ 台灣經濟高度發展，民生必需品供應不虞匱乏。

業家往紡織、麵粉等關鍵性民生工業發展，
讓台灣的經濟體質從根本上發生變化。

　　尹仲容除了協調美援對私人企業的幫助
外，為了保護尚處於萌芽期的工業，他在外
匯改革的工作中，採取複式匯率、保護關稅
及進口限額等保護手段，來培養台灣的生產
力，讓進口替代的策略很快就有立竿見影的
效果。

　　到了1950年代末期，台灣工業生產已成
長為50年代初期的兩倍，勞動力也開始從初
級產業部門流向製造業，私人企業的工業生
產總值不斷增加，其成長速度超過了公營事
業。台灣經濟得以順利起飛，正是這20年來
長期耕耘努力的成果。

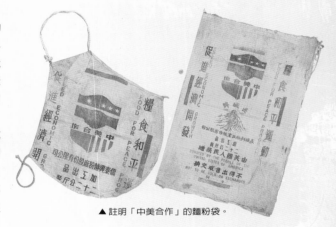

▲ 註明「中美合作」的麵粉袋。

▲ 在政府的保護關稅措施下，汽車製造業的發展日漸蓬勃。

1903
● 出生。

1925
● 畢業於交通大學電機工程系。

1949
● 4月，因國共內戰，局勢不穩，遂攜眷來台。
● 6月，接受陳誠延攬，擔任台灣區生產管理委員會（簡稱生管會）副主任委員。

1951
● 兼任中央信託局局長。在其任內，中信局由一個普通金融機構，轉型為執行經濟政策的重要金融工具。

1954
● 出任經濟部長。

1955
● 爆發「揚子木材公司貸款案」，被懷疑中信局貸款揚子公司涉嫌瀆職舞弊，遭檢察官起訴。先後辭去中央信託局局長及經濟部部長職務，最後經高等法院宣判無罪。

1953
● 生管會裁撤，設經濟安定委員會。

1957
● 8月，獲重新起用，出任經濟安定委員會委員兼祕書長。

1958
● 出任外匯貿易審議委員會主任委員，積極改革外匯政策，改採單一匯率制度，並兼任行政院美援運用委員會副主任委員。

1960
● 兼任台灣銀行董事長，負責所有原該屬於中央銀行的業務。

1963
● 病逝。

【延伸閱讀】
➩ 尹氏紀念委員會編，《尹仲容先生紀念集》，1979，文海出版社。
➩ 沈雲龍編著，《尹仲容先生年譜初稿》，1988，傳記文學雜誌社。

大家攏講我是菜市場名。

謝「東閔」並不是這位中華民國副總統的本名，
請問他為什麼要改名字 **?**

1 他的本名
聽起來像女生

阿敏啊!

2 村裡有50個人和他
同名同姓

誰叫我?

誰叫我

3 不滿生長的環境
希望報効祖國

報效國家
決心改名!

4 小時候老是生病
經神明指點的

3^A
不滿生長的環境
希望報効祖國

謝東閔原名謝進喜，出生在飽受日本人歧視的殖民統治時代。
少年時的謝東閔在台中一中就學期間，學校裡的日籍教師為了凸顯日本的優越感，
常在言詞上醜化中國。這種行為讓謝東閔感到十分氣憤，
蘊藏在他心中那股對異族統治的不滿情緒越來越高張，於是在他升入4年級時，
便毅然決定轉往中國升學。求學期間他曾經自己取了一個叫「謝求生」的學名。
他的師長希望他能學習二十四孝故事中閔子騫的孝友精神，為抗日而返回祖國，
為民族盡大孝，做個「來自東方的閔子騫」，所以幫他另外取了「東閔」這個名字。

台灣政治史上第一位
台籍副元首——
謝東閔

1907~2001

謝東閔是台灣政治史上第一位台灣籍的省主席與副總統，他曾從高階公務員轉任民意代表；擔任過議長，也接任過省主席，畢生心力皆投入台灣省政建設。

謝東閔於1920年自廣州中山大學政治系畢業。

雖然位高權重，但謝東閔的親切隨和在政壇上是相當有名的，這或許和他成長於簡樸的農家有關。他出生於彰化二水，家境小康。在他就讀於台中一中4年級時，因不滿日籍老師對台灣人的歧視，於是轉往中國大陸求學，後來畢業於廣州中山大學政治系，畢業後便留校擔任日文講師。

1943年抗日戰爭末期，他參與福建省的國民黨台灣黨部的設立，並前往位於重慶的「台灣黨務訓練班」受訓，從此與政治結下不解之緣。戰後初期，謝東閔先後擔任高雄州接收委員會主任與高雄縣首任縣長。他首先撥款修復戰爭期間被炸毀的曹公圳（位於鳳山），使高雄地區的農田能恢復灌溉耕作，進而改善糧食供應吃緊的困難。希望能重建民族精神的他，不辭辛勞地到處演講，灌輸台灣民眾有關中國的歷史與知識，企圖激發民眾的民族情操；對文化建設的推動也不遺餘力。

之後他進入省政府，歷任教育廳副廳長、秘書長等職；任內完成省政府疏遷南投縣中興新村的計畫，同時他也曾擔任省營的《台灣新生報》發行人。在擔任《台灣新生報》發行人期間，因為參與黨務改造工作而結識了蔣經國，並兼任救國團副主任，成為蔣經國所倚重和栽培的人才。

謝東閔的從政之路雖然看似順遂，但實際上是缺乏民意基礎的。於是，他於1957年轉換跑道，參加省議員選舉，從省政府秘書長職務直接進入省議會，其後並二度榮登議長寶座。1972年，當蔣經國出任行政院長，謝東閔奉派為台灣省政府主席，成為第一位出任省主席的台灣人。

在他出任台灣省政府主席期間，正逢台灣面臨一連串斷交危機的階段。謝東閔為了凝聚政治

謝東閔晚年。

時任行政院退輔會主委的蔣經國（右）
與謝東閔在施工中的中橫公路留影。

號召力，大膽地推行「消滅貧窮」的小康計畫。此外，他以籌設安養救濟機構的方式，有效地扶助窮人和低收入戶。

謝東閔積極落實基層建設與社會福利的推動，適逢國民黨政府在面臨退出聯合國的外交頓挫後，亟思在內政扎根，因而對他的施政多有肯定和支持。1978年蔣經國繼任第6任總統，謝東閔因為在工作崗位上「富有創意」的表現，受到蔣經國的延攬，成為首位台籍副總統。

他在副總統任內積極推動「文化大國」建設工程；他認為台灣不能只是開創經濟奇蹟，更要追求各方面齊頭並進，使精神建設與物質建設平衡。任期屆滿後，他於1984年卸職，回到二水家鄉推廣社會教育工作。

發行人：王阿舍　發行所：遠流舊聞社

舊聞提要

1. 馬祖台馬輪1月2日抵達福州馬尾港，率先完成台海兩岸客輪首航。
2. 立法院2月1日通過「反

台灣政壇風雲詭譎

【本報訊】2001年4月8日首位台籍副總統謝東閔逝世，享年94歲。他的謝世，象徵著走過兩個世代（日本時代、中華民國政府時代）的政治人物們，50年來從叱吒政壇到日落西山的景況。

中華民國政府自中國大陸撤退來台已逾50年，初期以外省人為政治主導勢力並結合台灣籍的政治人物，有效地鞏固了政權的基礎。這群在日本時代前往中國大陸、在二次大戰結束後與政府一起來台的台灣人，在戰後一片混沌未明的政局中，有效地協助當政者快速掌控台灣。

這些人在台灣政壇上被稱為「半山」（台灣人稱中國大陸為「唐山」，大陸人為「阿山」，而「半山」就意味一半大陸人、一半台灣人的意思）。日本時代他們旅居中國大陸，在國民政府擔任中上級職位的行政、

對行政院逕予停止核四興建決議案」。
3.台灣籍導演李安3月10日以「臥虎藏龍」一
片獲美國導演公會頒發最佳導演獎。
4.前副總統謝東閔於4月8日過世。

讀報天氣：晨有霧多雲轉晴
被遺忘指數：●●

「半山」政治行情起落無常

軍事幹部，時間長達一、二十年以
上，其中多數人並娶當地女子為
妻。戰後這群人在台灣政壇迅速崛
起，在各種民意代表選舉中，取得
多數席位。228事件之後，台灣本
土政治菁英受到迫害迅速凋零，多
出來的空缺就由這些「半山」所取
代。1951年的臨時省議會選舉，55
個席次中就有高達50席是由這些被
稱為「半山」的台灣人所囊括的。

不過，這些人與政府之間的蜜
月期並未維持太久。早在1950年台
北市長游彌堅被免職事件就是一個
警訊，包括劉啓光、林頂立、李萬
居等人之後迅速失勢，繼續留在政
界的，只剩下與黨界、政界關係良好的黃朝
琴、連震東、謝東閔等人。

▲ 副總統謝東閔（右2）在總統府內接受總統蔣經國（左2）頒發勳章。

1950年代中期以後，由於美援的到來，留美歸來的技術官僚們逐漸嶄露頭角，政府也開始捨棄以往倚重「半山」的政策。到了1960年代蔣經國接班態勢明朗化之後，逐漸採用均衡晉用人才的政策。一批批具有良好學歷、背景單純的台籍精英，成為政治新貴，逐漸取代了昔日縱橫政壇、叱吒風雲的「半山」。

這些曾經掌握政治權勢的「半山」，一旦失去了職位，不免成為政壇的孤兒，不再有重新崛起的機會。像黃朝琴雖連任了5屆議長、3屆國民黨中常委，解職後僅能以第一銀行董事長身分出席決策層級之外的集會；謝東閔雖然歷任多項黨政要職，且一度貴為副總統，但一卸任後，也不得不成為寂寞異常的政治人物。

▲ 李萬居、林頂立、謝東閔、黃朝琴（由左至右）等人，在台灣政壇上被視為「半山」。

▲「半山」在戰後初期的台灣政治史上扮演重要的角色。此為黃朝琴（左）獲頒瑞寶勳章後與其他受獎人合影。

▲ 1951年舉行台灣省臨時省議會成立大會，會中並選出黃朝琴、林頂立為議長、副議長。

▲ 1959年台灣省議會成立，臨時省議會也隨之撤銷。此為省議會議員全體合影。

謝東閔年表
1908~2001

1908
● 原名進喜，後改名求生、東閔（同筆名），出生於彰化二水。

1925
● 至上海就讀中學。

1927
● 考入以法科著名的東吳大學。
● 因父親經營糖廠失敗，被迫半工半讀。

1928
● 轉往學費較低廉、特別優待台灣等地學生的廣州中山大學就讀。

1930
● 加入中國國民黨。

1932
● 與潘影清女士在廣州結婚。

1938
● 廣州被日軍攻陷，為避免被指為「日本間諜」而隻身前往香港。
● 以筆名「東閔」寫稿賺取稿費，並兼教日文。

1942
● 因日軍於前年攻陷香港。攜妻兒逃離香港，前往廣西。

1943
● 中國國民黨中央直屬台灣黨部於福建漳州成立。擔任執行委員兼宣傳科科長，其職務為設計日文的宣傳品，大量印製後交由美國軍機到台灣上空投下。

1945
● 5月5日參加中國國民黨在重慶召開的第6次全國代表大會，為與會人士中唯一的台籍人士。
● 10月23日與連震東、劉啓光乘美軍登陸艇隊指揮船，由福建返回台灣。
● 11月擔任高雄州接管委員會主任委員，負責接收高雄州與屏東市。

1946
● 任首任高雄縣長。

1952
● 擔任中國青年救國團副主任（主任為蔣經國）。

1957
● 4月擔任台灣省第3屆臨時省議會議員。
● 6月當選副議長（議長為黃朝琴）。

1958
● 創辦私立實踐家政專科學校（實踐大學前身）。

1972
● 擔任第9任台灣省主席，也是第1位台籍省主席。

1978
● 擔任中華民國第6任副總統（總統為蔣經國），也是第1位台籍副總統。

1993
● 與俞國華、倪文亞、李國鼎、何宜武4位中常委公開表明將退出國民黨黨內決策核心。

2001
● 因心肌梗塞病逝家中，享年94歲。

【延伸閱讀】
⇨ 謝東閔，《歸返：我家和我的故事》，1988，聯經出版公司。
⇨ 周少左，《謝東閔先生的故事：如沐春風集》，1995，九歌出版社。
⇨ 邱家洪，《政治豪情淡泊心：謝東閔傳》，1999，木棉出版社。

全島走一遭，肚子填到飽。

喜歡和老闆合照

2 **老是跟老闆A東西**

3 **與副總統進行
美食大對抗**

4 **身材和主持人一樣
圓滾滾**

1 ^A 喜歡和老闆合照

嗚

蔣經國不是一個好逸惡勞的官員，他喜歡到農村去訪問農民、到工地去關心工人，
和他們閒話家常、直接瞭解民間的疾苦。他率直而平易近人的作風，拉近了他與民眾的距離。
深入民間，與民眾對話，是蔣經國與民眾溝通情感、溝通意見的一條很自然的管道。
許多隨行的記者喜歡捕捉他下鄉訪問，在地方上小麵館裡吃麵的自在身影，
各行各業的尋常百姓在他親切的寒暄關懷下，很自然地和他交朋友，成了他的「民間友人」，
有些開店營業的老闆們也樂於展示他們和蔣經國合照的留影，
這樣的影像呈現了蔣經國為了親體民情深入基層的熱情，
讓他勤政愛民的形象，銘記在民眾的腦海裡。

人物小傳

帶領台灣進入
新時代的強人——
蔣經國
1910~1988

身穿夾克、憨厚的臉上時時帶著笑容，自在地坐在小店裡吃起小吃——這就是蔣經國最讓人記憶深刻的形象。

時任行政院副院長的蔣經國，訪美回國在機場舉行記者會的情形。

1910年出生的蔣經國，15歲時就離開父親蔣介石，遠赴莫斯科孫逸仙大學就讀，比他大6歲的鄧小平也是他的同學。1927年學業結束後，蔣經國卻被史達林當作人質留在蘇聯。被扣押在蘇聯期間，他接受過軍事訓練，做過蘇聯共產黨的預備黨員，也曾被送到西伯利亞做工，而後又轉往斯弗朵夫斯基的烏拉爾重型機械廠，因工作出色被提拔為副廠長。在這裡，他和同廠女工芬娜（後改名蔣方良）結婚。直到1937年4月，經歷12年困苦生活的他，才獲准返回中國。

這段紅色經歷，對蔣經國的政治性格產生了深刻影響；一方面使得他一生反共，對共產制度不抱任何幻想，但另一方面，他的治黨、治軍與治國方式，卻又可看出共產極權制度的烙印。

蔣經國返國後不久，遇上盧溝橋事變，中國開始全面對日抗戰。他應邀出任江西省保安處副處長，透過建設計畫的管理，讓原本落後的贛南成為模範區。1943年起，他開始接觸政治教育工作。二次大戰結束，共產黨席捲中國，蔣經國隨政府撤退到台灣後，1950年出任國防部總政戰部主任，著手三軍的政治教育工作，並在軍中廣布人脈，透過警察及情治組織統合，逐步掌握情報組織。非軍事學校系統出身的蔣經國，就此一步一步地掌握軍隊，鞏固蔣氏在台的政權基礎。

1958年行政院長陳誠邀蔣經國擔任政務委員，並兼任國防部副部長，他自此開始由軍隊政工系統轉向行政部門發展。歷練各項政經要職後，他於1972年出任行政院長，展開一連串行政革新工作。1972年6月到1978年5月的6年之間，台灣正面臨退出聯合國、美國總統尼克森訪問中國、台日斷交等政治和外交等多重打擊，在經濟方面也遭逢石油危機

時任中國青年反共救國團主任兼國防部長的蔣經國（右），與從廣州逃到香港的共產黨幹部王朝天合影。

時任行政院副院長的蔣經國（中）在交通部長孫運璿（右）、財政部長李國鼎（左）陪同下，巡視台灣造船公司的造船情形。

衝擊。面對各種不利的政經局勢，蔣經國決定推動改善台灣經濟環境的十大建設計畫。計畫中各項交通網絡的建設，足以讓台灣成為一個流通無礙的經濟統合體，而重工業與化學工業的籌辦，也提供了台灣從輕工業轉型為重工業的基礎。

　　1978年5月蔣經國繼任中華民國第6任總統，翌年即遭逢美國對台「斷交、撤軍、廢約」，在此番外交困境中，他以本土化、民主化來抵禦共產中國統一台灣的企圖。晚年的蔣經國在生命的最後時刻，毅然解除戒嚴，並開放黨禁與報禁。這一連串的改革，使他從外來政權的最後一個獨裁者，轉變為民主台灣的奠基者。然而，生命賦予他從事艱辛革新的時間實在太短了；1988年1月13日，蔣經國便因糖尿病併發症去世，享年79歲。

時任國防部長的蔣經國（中），參加台灣軍管區輔導小組長結訓典禮，受到學員歡迎的情形。

台灣

發行人：王阿舍　　發行所：遠流舊聞社

舊聞提要
1. 行政院長蔣經國9月25日宣佈，今後不會輕易變動幣值、發行大鈔。
2. 台灣省物資局於10月12日公佈，包括味精等6

中山高速公路
中正國際機場
核能發電廠
台北　基隆
台中港
蘇澳
蘇澳港
縱貫線鐵路電氣化
台中
花蓮
北迴鐵路
造船廠
台南
大鋼鐵廠
高雄
石油化學工業

十大建設分布位置圖

種日常用品在台中等8個地區將採平價供應。
3. 台灣省政府11月15日決定各縣鄉鎮道路的客運業務將開放民營。
4. 行政院長蔣經國提出「十大建設」，並計畫在5年內完成。

讀報天氣：晨有霧轉晴
被遺忘指數：●●●

灯光日牌光旭
台灣光旭牌燈股份有限公司

今天不做明天會後悔
蔣經國宣佈十大建設開始啓動

【本報訊】為了因應石油危機所掀起的全球性經濟恐慌，行政院長蔣經國於年底提出一項重要決策：政府計畫在5年之內完成10項重大建設，包括南北高速公路、桃園國際機場、台中港、鐵路電氣化、北迴鐵路、蘇澳港、大鋼鐵廠、造船廠、石油化學工業以及核能發電廠，統稱為「十大建設」。這10項建設，前6項都是交通建設，屬於「基本設施」的投資，後4項則包括工業建設以及提供工業發展的能源建設。

十大建設可以說是戰後台灣第1次大規模的基礎建設，其推動的目的在解決重大基本設施不足的瓶頸，並提高經濟活動的效率。除了6項基本設施外，另外4項建設則集中於重工業、化學工業，藉以改善台灣原有的產業結構，讓以勞力密集為主的工業型態，朝向技術、資本密集的產業形態邁進。

▲ 行政院長蔣經國（中）巡視十大建設施工情形，並慰問工作人員。

就在蔣院長提出十大建設的兩個月之前，埃及和敘利亞軍隊進攻以色列，中東地區再度爆發戰爭。為了抵制支持以色列的西方國家，波斯灣的各個產油國先後宣佈調漲

原油價格，總計在短短2個月內石油價格暴漲了3倍以上，造成全球性的油價攀升與油源恐慌。

石油危機造成了全世界的經濟恐慌，而台灣，因為原油幾乎全部仰賴進口，經濟形態又以對外貿易為導向，所以受到石油危機的衝擊很大。全球性的經濟衰退，造成台灣出口受挫，使得台灣經濟成長陷於停頓，已經平穩了20幾年的物價幾乎翻漲一倍。為了抵消通貨膨脹的壓力，行政院除

▲ 北迴鐵路南段試車情形。

了推行各種節約能源的措施外，更趁勢對台灣基礎建設及產業結構，研擬了一連串的公共投資計畫。

不過，十大建設也暴露出台灣在「反攻大陸」口號的壓抑下，經濟建設長期空洞化的現象。國民黨政府長久以來把台灣當作歸返中國大陸的「跳板」，稱之為「復興基地」，直到1970年代台灣逐步陷入外交孤立的困境後，才想到建設台灣的必要性。

回顧台灣經濟發展的過程，從振

▲ 北迴鐵路的施工情形。

▲ 中山高速公路永康路段路基施工情形。

▲ 位於基隆的台灣造船公司。

▲ 中山高速公路中壢楊梅段通車情形。

興農業到培養輕工業、一直到今日十大建設的重工業，除了當權者的決策，美國的經濟援助、日本的技術轉移以及關鍵零組件的提供，也扮演了相當重要的角色。

然而，仔細檢視十大建設的內容，除了基礎的交通建設可以發揮階段性效能外，少數的重化學工業在獨占市場下將不會有生存問題之外，其餘建設是否能永續經營，則有待觀察。

蔣經國年表
1910~1988

1910
● 出生於浙江省奉化縣溪口鎮。

1925
● 10月加入中國國民黨。
● 11月底，進入莫斯科的孫逸仙大學就讀，研究西方革命政治經濟的變革。

1926
● 參加蘇聯共產黨托勒斯基派的組織。

1927
● 4月畢業於孫逸仙大學，但被當作人質扣押。

1933
● 被俄共以「參加生產勞動」名義，送往西伯利亞，在阿爾達金礦做礦工。

1935
● 3月15日與斯弗朵夫斯基的女工芬娜（蔣方良女士）結婚。

1937
● 4月藉著西安事變後蔣介石與共產黨取得妥協的機會，再次要求回國獲准，攜家眷從海參崴返國。

1939
● 6月受命為江西省第四行政區行政督察專員兼保安司令、贛縣縣長，開始致力於新贛南的建設。

1947
● 3月17日隨國防部長白崇禧搭機抵台，為228事件代表政府宣慰台人。

1948
● 12月29日接任台灣省黨部主任委員，為蔣介石退守台灣預作準備。
● 受命督導上海經濟管制業務，展開「上海打老虎」的經濟整頓事業。

1950
● 4月1日接任國防部政治部主任，開始實施國軍政工改革作業。

1954
● 出掌國防會議副秘書長，進入以總統蔣介石主導的決策圈。

1965
● 擔任國防部部長。

1969
● 行政院局部改組，接任行政院副院長，兼任經濟合作發展委員會主任委員。

1970
● 在紐約遭主張台獨的黃文雄、鄭自才行刺，倖免於難。

1972
● 接任行政院長，開始大幅度地延攬台灣人入閣。

1973
● 向中國國民黨第10屆四中全會提出5年內應完成的十項國家重大建設。

1978
● 3月21日當選中華民國第6任總統。

1979
● 12月10日對要求民主化的集會遊行進行強力的鎮壓，發生高雄美麗島群眾衝突事件。

1987
● 7月15日宣告長期戒嚴措施解除。
● 11月3日宣佈開放大陸探親政策。

1988
● 1月13日因糖尿病併發症逝世，享年79歲。

【延伸閱讀】
⇨ 自立叢書編輯委員會編，《蔣經國時代》，1978，自立晚報。
⇨ 漆高儒，《蔣經國評傳：我是台灣人》，1998，正中書局。
⇨ 陶涵(Jay Taylor)著、林添貴譯，《台灣現代化的推手：蔣經國傳》，2000，時報文化。

【索引】(數字為頁碼)

【鳴謝】

本書的完成，特別感謝：（以姓名筆畫序）

228紀念館
中央研究院台灣史研究所籌備處
中央研究院歷史語言研究所
行政院研究發展考核委員會
胡適紀念館
國立中央圖書館台灣分館
曹永和

第一銀行
莊永明
陳慶芳
傅朝卿
傳記文學出版社
楊永智

【地圖、照片出處】

數目為頁碼

目錄（4-5）：
地圖：遠流資料室。

我看台灣執政者（9-11）：
9、10、11/遠流資料室。

為政之道，存乎一心（12-15）：
14、15/遠流資料室。

普特曼斯（16-23）：
20/出自《台灣文化史說》。
21/陳慶芳提供。
22（左）/曹永和提供。
22（右）/遠流資料室。

鄭成功（24-31）：
27/出自《台灣文化史說》。
28（左上）、（左下）/莊永明提供。
28（右）/陳彥仲攝影。
29/郭娟秋攝影、遠流台灣館提供。
30/傅朝卿提供。

陳永華（32-39）：
36（左）/黃智偉攝影。

36（右）、38（左）/遠流資料室。
37、38（右）/郭娟秋攝影、遠流台灣館提供。

藍鼎元、藍廷珍（40-47）：
43、44、45、46/遠流資料室。

六十七（48-55）：
53、54（上）/國立中央圖書館台灣分館提供。
54（下）/遠流資料室。

姚瑩（56-63）：
60/郭娟秋攝影、遠流台灣館提供。
61、62（左下）/出自《彰化縣誌》。
62（上）/陳慶芳提供。
62（右下）/出自《澎湖廳志》。
63/出自《淡水廳志》。

沈葆楨（64-71）：
66、67、68（右上）、69/遠流資料室。
68（左）、（右下）/郭娟秋攝影、遠流台灣館提供。
70（上）/中央研究院歷史語言研究所提供。
70（左下）/莊永明提供。
70（右下）、（中下）/遠流台灣館提供。

劉銘傳（72-79）：
75、76（左）/遠流資料室。
76（右）、77、78/出自《台灣鐵道史》。
79/出自《清代台灣職官印錄》。

胡傳（80-87）：
83/胡適紀念館提供。
85、86（上）/出自《台灣地輿總圖》。
84、87/出自《台灣輿圖》。
86（左下）/出自《日本地理風俗大系台灣篇》。
86（中下）（右下）/出自《台灣番界展望》。

劉永福（88-95）：
91（上）、92、94（左）/出自《台灣總督府警察沿革志》。
92（下）/出自《The Island of Formosa》。
94（右下）/莊永明提供。
93、94（右上）、（右中）、95/遠流資料室。

後藤新平（96-103）：
99/出自《台灣總督府警察沿革志》。
100/遠流資料室。
101、102/出自《台灣統計要覽》。

田健治郎（104-111）：
107（右）/出自《台灣之文化》。
107（左）、108（左）/出自《田健治郎傳》。
108（右上）/中央研究院台灣史研究所籌備處提供。
108（右下）/楊永智提供。
109/出自《台灣街庄制逐條解釋》。
110（上中）、（上右）/出自《麗正會》。
110（上左）/出自《台北第一高等女學校創立25週年紀念》。
110（下）/出自《台灣保甲皇民化讀本》。

小林躋造（112-119）：
115/出自《小林躋造傳》。
116（左）/出自《台灣統計要覽》。
116（右上）/中央研究院台灣史研究所籌備處提供。

116（右下）、117、118（左上）、（右）/陳慶芳提供。
118（下）/228紀念館提供。
119/遠流資料室。

陳儀（120-127）：
123/出自《辜顯榮翁傳》。
124（左）、125、126（右上）/228紀念館提供。
124（右）、126（左上）/陳慶芳提供。
126（下）/遠流資料室。

陳誠（128-135）：
131、132（左）、135/遠流資料室。
132（右）、133、134/陳慶芳提供。

蔣夢麟（136-143）：
139~143/遠流資料室。

蔣介石（144-151）：
147（左）/出自《辜顯榮翁傳》。
147（右）、148、149（下）、150（右）/遠流資料室。
149（上）、150（左）、151/陳慶芳提供。

尹仲容（152-159）：
155/傳記文學出版社提供。
156、157、158（上）、159/遠流資料室。
158（下）/陳慶芳提供。

謝東閔（160-167）：
163、164、165/傳記文學出版社提供。
166（上）、（下）/遠流資料室。
166（中）/第一銀行提供。

蔣經國（168-175）：
171、172/遠流資料室。
173、174/行政院研究考核委員會提供。

國內**最完整**的一套
台灣歷史與人物圖誌

台灣放輕鬆 系列共12冊，介紹台灣400年來的240位人物，分成12類項主題。每冊介紹該主題內具代表性的20位人物，每位人物皆透過「趣味Q&A」、「人物小傳」、「歷史報」、「人物小年表」、「延伸閱讀」等小單元，建構出人物與歷史的多元面貌。設計新穎、兼具知識性及趣味性，適合e世代人快速認識台灣。此外，每冊並有主題導讀，讓讀者在認識台灣時Easy & Fun，卻不膚淺。

◎台灣文史專家莊永明策畫，專文導讀引薦
◎曹永和、張勝彥、許雪姬、吳密察、翁佳音、孫大川、林瑞明、謝國興、溫振華、顏娟英、江韶瑩等十多位學者縝密監修
◎中國時報、聯合報、自由時報、民生報、台灣日報、Taipei Times等媒體好評報導
◎榮獲2002年金鼎獎美術設計、2001誠品好讀年度書系最佳編輯、中國時報「開卷」好書推薦、文建會「好書大家讀」好書推薦

1《正港台灣人》
李懷、張嘉驊著
定價：250元・特價：200元
特16開・全彩

以血緣來看，馬雅各、馬偕、巴克禮、森丑之助、八田與一、立石鐵臣、礦永吉等人，都不是台灣人，但是心繫台灣、研究並建設台灣，貢獻卓著。他們是比台灣人還要台灣人的「正港台灣人」。

2《台灣心女人》
林滿秋等著
定價：280元
特16開・全彩

對女性的書寫，在歷史上常是缺席的，本書所介紹的20位台灣女性，包括黃阿祿嫂、趙麗蓮、謝綺蘭、蔡阿信、謝雪紅、葉陶、證嚴法師、鄧麗君等，認識她們在各行各業的奮鬥史，台灣近代史也得以趨向更完整。

3《在野台灣人》
賴佳慧著
定價：280元
特16開・全彩

台灣人從1920年代起邁入「自覺的年代」，非武裝革命者前仆後繼爭取民權、啟蒙社會，這股風潮持續至今。本書介紹了包括林獻堂、蔣渭水、雷震、魏廷朝等20位和平改革先鋒。他們彰顯了台灣反專制、反強權的民主奮鬥史。

4 《鬥陣台灣人》
林孟欣、鄭天凱著
定價：280元
特16開・全彩

他們是造反的土匪？還是民族的英雄？《鬥陣台灣人》從朱一貴、林爽文、林少貓、羅福星等20位民變領袖身上，看見四百年來台灣政治與社會問題的源頭；讓您在「成者為王敗為寇」和「民族英雄神話」之間，建立新台灣史觀。

5 《台灣原住民》
詹素娟、浦忠成等著
定價：280元
特16開・全彩

這是第一本完整介紹台灣原住民的圖文書，包括平埔族和高山族群的歷史和人物。透過生動的文字和珍貴的圖片，從不同的角度認識台灣。書中各篇章多由原住民或相關領域專家完成，內容市面前所未見，十分珍貴。

6 《文學台灣人》
李懷、桂華著
定價：320元
特16開・全彩

文學，是通往夢想世界的鑰匙。《文學台灣人》藉由訴說20位文學家的故事，來趟台灣文學的旅程。從明末的沈光文、呂赫若、林海音到王禎和為止，從鄉土文學論戰、現代文學到兒童文學等等，是探訪台灣文學發展最佳入門書。

7 《產業台灣人》
林滿秋著
定價：320元
特16開・全彩

從早期以農林拓墾和生產為主的產業，到製糖、釀酒等加工生產，以至於現代的紡織、鋼鐵等工業和貿易，台灣產業不斷變革中。要瞭解台灣產業史，先得認識吳沙、黃南球、辜顯榮、蔡萬春、吳火獅等20位台灣的產業先驅。

8 《非凡台灣人》
陳怡方、陳嶼等著
定價：320元
特16開・全彩

本書介紹在台灣社會中，堅持理想，為人所不能為的典範。包括王井泉、何明德、施乾、謝緯、簡吉、黃彰輝等人。這些來自不同行業、不同階層、不同背景的非凡台灣人，他們展現的行誼，是台灣社會充滿生命力的重要因素。

9 《美術台灣人》
王淑津、邱函妮等著
定價：320元
特16開・全彩

《美術台灣人》深入三百年來台灣美術史的豐富樣貌，掌握「台展三少」、「南國風情」、「懷鄉寫實」、「正統水墨」等議題；得以和林朝英、溥心畬、黃土水、郎靜山、席德進等美術家心靈相通，體會台灣美術的美好。

10 《游藝台灣人》
石婉舜、李奕興等著
定價：320元
特16開．全彩

欣賞藝術，一定得到美術館或歌劇廳嗎？藝術其實就在生活中。本書透過包括工藝名匠葉王、郭友梅、何金龍、黃龜理等、表演藝術名師李天祿、林讚成、張德成等20人呈現的精采藝術成就，讓您認識屬於台灣文化的珍貴遺產。

11 《學術台灣人》
晏山農、范燕秋等著
定價：320元
特16開．全彩

認識台灣學術人物，得以掌握台灣文明的未來。本書介紹各領域代表學者，他們讓台灣走向更美好的社會，包括杜聰明、釋印順、林朝棨、張光直、吳大猷、曾天從、姚一葦等人。因為他們，台灣求真求好的精神一直延續不斷……。

12 《台灣執政者》
林孟欣著
定價：320元
特16開．全彩

本書介紹在台灣政治史最具影響力的人，從普特曼斯、鄭成功、劉銘傳、後藤新平，到蔣介石、蔣經國、謝東閔等人。他們身處權力的最頂端，主導了台灣在歷史上的定位，也決定了台灣的現貌。

國家圖書館出版品預行編目資料

台灣執政者 /林孟欣文；曲曲漫畫；
閒雲野鶴繪圖 ． -- 初版 ． -- 台北
市：遠流，2002[民91]
　　面；　公分 ． -- （台灣放輕鬆；12）
含索引
ISBN 957-32-4744-5 (平裝)

　1．-台灣 - 傳記
673.22　　　　　　　　　　91015663

台灣放輕鬆

台灣放輕鬆

台灣放輕鬆

台灣放輕鬆